인문잡지 한편
18

축제

"사회를 이어 붙이고 있는
솔기를 터뜨리고
새로운 현실로 변화시키는
사육제에 대한 상상은
언제나 가능했다."

데이비드 그레이버,
『모든 것의 새벽』

'축제'를 펴내며

축제의 시작과 끝

세영 축제, 어렵다…… 지현은 연극제를 많이 가니까, 축제에 관해 이야기 나누기도 좋을지 몰라.

새벽 축제, 정말 알다가도 모르겠어. 언제나 신기한 책을 읽고 있는 문학팀 지현은 우리 원고도 깊이 읽어 주겠지?

지현 두 사람, 축제라는 주제는 어떻게 정하게 된 거야? 단어만 떠올렸을 때는 곧장 신나는 분위기가 들긴 하는데, 또 곰곰 생각해 보면 마음 복잡해지는 장면들이 떠오르더라고. 각자 긍정적이거나 부정적인 경험을 모두 포함해 축제에 대해 어떤 생각을 가지고 있는지도 궁금해.

세영 솔직히 평소 축제에 관심은 없어. 정기적으로 갔던 축제는 영화제뿐이고 가장 최근 경험은 '축제 같은 집회'에 참석한 것이네.

왜 축제에 관심이 없나 생각해 보면, 많은 사람들 사이에서 '나'의 경계가 허물어지는 그 느낌이 썩 좋지 않아서인 것 같아. 영화제에는 와글와글 사람이 많은 와중에도 영화관에 내 자리라 할 만한 경계가 있어서 편했던 거고. 그럼에도 영화제에서 하나가 되는 순간이 있기도 해. 부산국제영화제인가, '소리 없음'이 중요한 영화를 보는 중이었어. 빽빽한 상영관에서 당연히 졸렸고, 누군가 졸다가 핸드폰 떨어뜨리는 소리가 들렸거든. 그때 모두의 예민함과 신경질이 그쪽으로 쏠리는 걸 느꼈는데, 나도 잠시 예민해졌다가 그게 모두의 것인 걸 깨닫고 웃겼던 기억이 있네. 요새 영화관에서 이런 느낌을 받긴 어렵잖아.

새벽 축제 때 다른 집중력이 높아지는 것 같다. 음악제에서도 '모두의 예민함'을 느껴. 아주 훌륭한 연주가 이루어질 때 청중이 한 귀가 되어서 행복해하는.

세영 축제가 주제가 된 건 변방연극제와의 협업 제안에서야. 함께 뭔갈 해 보자 하고 만났는데, 변방연극제에서 '축제성'을 고민하고 있다고 해서 그럼 이참에 주제로 삼아 보자 한 거지. 축제를 잘 못 즐기는 사람의 동경 같은 게 있기도 했다. 그런데 축제를 잘 아는 분의 도움이 절실해서 편집위원으로 뉴스레터 '콘텐츠로그'를 발행하는 서해인 편집자를 모셨어. 음악평론가 김윤하와 음악 페스티벌 이야기를 하는 '그냥 페스티벌 얘기가 하고 싶어서'를 재미있게 읽었거든. 축제에 동행할 이를 구하는 일부터 나만의 축제 타임테이블을 짜는 일까지, 《한편》에서 다루지 못한 음악페스티벌의 면모를 알고 싶다면

이 콘텐츠를 추천해.

새벽 뉴스레터 '무무의섬'을 발행했던 김영훈 편집자도 모셨지. 두 분이 서로 구독자인 것이 당연하면서 웃겼다. 나는 김영훈 편집자가 《채널예스》에 연재했던 '잃어버린 편집을 찾아서'를 탐독하기도 했어. 좋은 책 이야기들을 하느라 정작 잊히는 편집노동을 조명한 명칼럼이지. 축제란 '비싸서 못 가는' '먹고 마시는 곳'이라고 정의하던 두 분과 원고를 함께 읽으면서 머릿속을 부유하던 추상적 축제가 현실적인 일로 다가왔어.

다들 책 축제인 도서전에 관해서는 어때? 변방연극제와 축제 이야기를 모을 때 《한편》이 최근 한 경험이 서울국제도서전이었지. 일하는 입장에서는 도서전에 양가감정이 있잖아. 나는 코로나 이후 2022년 도서전 부활 때 담당자로 한몫하면서 성취감이 있었거든. 가서 아는 업계인들을 만날 때 반가움과 소속감도 느끼고. 그래도 강남 한복판에서 하는 도서전이란 역시 힘들어.

세영 올해 서울국제도서전 담당자로 일하기도 했지만 규모에 잡아먹혀서 막상 나는 즐기기 어려웠네. 크게 부스를 차려 놓고 보니까 사람이 많이 와야 한다는 생각이 먼저 들고, 사람이 많으면 자연스럽게 교류하기보다는 질서가 필요해지니까. 부스가 뚝딱 만들어졌다가 철거되는 코엑스라는 공간이 지치기도 하고.

지난 8월에 갔던 군산북페어는 창작자의 이야기도 들을 수 있어서 좋았어. 한 가지 아쉬움은 이 축제가 군산이라는 도시 골목골목에 잘 스며들어 있었냐 하면 그건 아니라는 점이었어. 북페어가 열리는 회관에 들어가면서는 '서울이다!' 싶었지. 그래도 버스 타고 군산 가는 길이 즐겁고 서울국제도서전보다 훨씬 넉넉했달까. 모든 축제를 서울 아닌 데서 하자! 하는 마음까지 들었어.

지현 나는 어릴 때 아빠를 따라가서 본 축제를 원형적인 이미지로 기억하고 있어. 아빠 회사 노조에서는 정월대보름마다 해수욕장에 가족과 모두 모이는 행사를 했거든. 바닷가에 모여서 공연도 보고, 노동조합 역사를 보여 주는 전시도 보고, 또 마지막엔 꼭 큰 캠프파이어 불을 피워 두고 둥글게 모여서 노래했어. 아마 노조 노래였겠지? 정월대보름이 '올해도 무탈히 지내게 해 주세요.' 하고 비는 날이니까 불 앞에서 다 같이 그런 기원도 하고. 그 불의 이미지가 나에게 가장 강렬한 축제의 이미지로 남아 있어. 내가 사는 곳이 이런 곳이구나 하고 한번에 이해했던 순간이기도 하고.

축제는 장소에서 일어난다

지현 축제 호의 묘미는 마당이나 골목처럼 공용 공간이 계속 등장하는 점이야. 시작하는 글인 인류학 연구자 이수유의 「죽음과 축제」는 장사를 지내는 노동을 상세하게 보여 주는데, 그 노동이 이루어지는 사적 공간 속의 공적 공간인 마당이 특히 눈에 들어왔어. 지금 축제를 비롯해 결혼식이나 장례식 같은 의례가 피로하게 느껴지는 것도 우리가 그런 공간을 갖지 못했다는 데서 온다는 생각이 들었고.

세영 죽음 의례를 치르려면 장례식장에 가야 하지. 원고를 편집하면서 지현이 빌려준 책 『적당한 거리의 죽음』이 생각났어. 오늘날 서울은 화려하고 생기로 가득 차 보이지만, 죽은 자들의 공간이 없어서 죽음을 삶의 일부로 자연스럽게 떠올리기 어렵다고 말하는 건축학자의 책이야. 이 이야기를 이수유 연구자에게 했더니 예전엔 볕이 잘 드는 선산 묘지에서 나물을 말리고 미끄럼도 탔다는 이야기를 들려주었네. 요즘은 옆집 사는 사람이 죽었는지 살았는지도 모를 것 같은데, 전통 사회에서는 이웃에 초상이 나면 부조할 팥죽부터 쑤기 시작했다는 게 인상 깊었어. 그걸 전해 주는 게 자연스러운 애도의 방법이고.

지현 죽음과 식욕을 연결하는 농담, 돌봄 노동을 한 자식과 며느리에게 보내는 위로처럼 서로가 같이 보낸 시간이 충분할 때만 자연스레 가능한 장면들이 와닿았어. 그와 대비해서 지금의 형식적인 장례식을 생각하게 되고. 평소에 친구들과 주고받는 농담 속에 '죽음'처럼 진지한 것들이 깃들어 있는지 궁금했어.

새벽 지현은 죽음에 관심이 깊지. 죽음은 내 주제는 아니었는데 이번 여름에 몇 차례 가까운 죽음을 겪었어. 사실 아직도 피하고 싶지만, 지리산에 가족들과 살던 강아지 미루가 지금은 없어. 미루가 아프자 수술을 할지, 죽으면 화장을 할지 묻을지, 묻는다면 어디에 묻을지를 두고 가족들이 모여서 이야기를 그래도 계속 나눴거든. 그러면서 「죽음과 축제」를 거듭 읽자니 남 얘기가 아니더라. 차분히 준비하고 드러내서 슬퍼하는 엄마 아빠 동생과 함께 뒷산, 정원을 검토한 끝에 문간 바로 옆에 미루 묘를 만들었다.

덕질이냐 현생이냐

지현 여성학 연구자 이리예 「"뭐 하는 데?"」에서는 팬들이 혐오 세력에 의해 공격을 받으니까 새로운 장소를 찾아서 계속 돌아다니잖아. 여성 팬들을 까 내리는 유구한 혐오의 역사 안에서 교묘하게 이동하며 행사를 이어 가는 모습이 통쾌하고 재미있어. 좋아하는 캐릭터 상품을 구매하는 것을 넘어서 직접 그리고 싶어 하는 마음에 대해서도 생각하게 됐고. 그렇게 덕질을 해 본 적이 있어?

새벽 여의도 중소기업박람회장에서 코믹월드를 할 때 갔던 기억이 나네……. 덕질이란 '현생'과 대치되는 거라 억압한 기억인데 말이야. 이 글에서 "회지는 만든 이가 사무치게 보고 싶었던, 그리고 다른 팬을 반드시 그 속으로 끌어들이고 싶었던 장면을 그린다."라고 한 대목이 참 좋아. 덕질 대 현생이라는 이분법이 아니라 덕질의 창조성을 드러내는 해석이라서. '통념질서'의 수호자로 늙지 않으려면 '상상력'을 재발견해야 한다는 문제의식도 있어. 이런 맥락에서 최근 출간된 임가영 『연속 종이』도 탁월했어. "세계가 기대와는 달리 나의 욕구에 맞춰 설계되어 있지 않다는 사실을 깨달으면서도 끈질기게 고통과 얽힌 애착을 이어 가고 그 자체를 놀이로 경험하는 것"(43쪽)인데 이때 세계란 게임 세계를 말해!

지현 최여울 「일만년축제 이야기」를 읽으면서 '세상에, 이런 마을이 있다니! 나도 한번 살아 보고 싶다.' 하는 생각을 간절히 했어. 난개발을 막고 성미산과 마을을 지키기 위한 투쟁에서 시작된 축제인 것도, 글쓴이가 여덟 살부터 스무 살까지 매년 축제에 참가했고, 그때마다 즐겁거나 수치스럽거나 하는 기억들을 가진 것도 부러웠어. "나에게 축제는, 하고자 하는 일이 있을 때 마을 사람들에게 살짝 기댈 구석을 내어 달라고 제안할 수 있는 자리였다." 여기서는 부러워 죽었다……. 난 공동체 안에서 그런 기억을 가져 본 적이 없더라고.

세영 축제가 별게 아니라 자주 마주치는 공간, 함께할 일이 있어서 만들어지는 작은 접촉에서 시작된다는 걸 알게 되었어. 일본에서 공동육아 했던 이야기를 다룬 영화 「침몰가족」을 본 이후로 엄마 혼자 고립된 채 육아하지 않아도 되는 공동체, 아이들을 동네에서 키우는 그림을 자주 떠올려 보곤 해. 『애프터 워크』를 보면 실제로 요리, 빨래 그리고 육아 같은 일들을 함께할 수 있도록 만들어진 '주택 코뮌' 같은 생활 공간이 등장하기도 하고.

새벽 마을 경험 없다. 나는 아직까지 '내가 시골에서 자랐다면?' 같은 상상을 해. 대안학교를 다녔다면 어땠을까 생각하면 슬퍼지고. 마을축제 이야기를 읽으며 중고등학교 때 학교 축제에서 만화부로, 도서부로 알뜰하게 부스를 차렸던 기억도 났는데, 서울 공립학교의 축제는 좀 어두운 면도 있었어. 조용한 친구들을 거친 친구들이 괴롭히고, 성적이고 폭력적인 에너지가 분출하던……

이 글에서 나오는 아이누모시리 일만년축제에도 가 보고 싶어. 축제를 "어떠한 의무도 없는 장소이자 환대의 공간"으로 이해하는 글쓴이처럼 넉살 좋게, 부담 없이 참여해 보고 싶다. 그렇게 시간을 보내야 어느 순간 "우리가 잃어버린 것을 지금, 이곳에 모인 우리에게로 다시 끌어오는" 사건이 일어날 것 같아.

축제, 집회, 저항

지현 인류학 연구자 국명표의 「축제 같은 집회와 희망」은 12.3 계엄령 이후 광장에서 일어난 이른바 축제 같은 집회에 대한 글이지. 그때 K-팝을 틀어 두고 다 같이 춤추고 노래하는 분위기는 기획이 아니라 대중의 분위기를 읽은 순간적인 판단으로 이루어졌다는 부분이 흥미로웠어. 그 의외성을 미래를 만들어 나가는 체험적 동력으로 재규정하자는 제안도 놀라웠고. 그 제안이 구체적으로 어떻게 이루어질 수 있을지 너무 궁금해지네.

세영 '어떻게 응원봉이 집회를 상징하게 되었을까?'라는 집요한 질문이 좋아. 응원봉 이전에 축제 같은 집회라는 반응이 먼저 있었다는 걸 찾아내잖아. 나도 '당시의 경험을 축하하고 저장하는 데에만 몰두하고 있는 것 같다는 답답함'을 품던 차였거든.

새벽 탄핵 반대 집회에서 체감한 비폭력의 무게가 일터와 가정에서도 자꾸 생각나. 동의하지 않는 연설에 야유하는 적대보다, 「한 페이지가 될 수 있게」처럼 처음 듣는 노래를 수용할 때가 좋았어. 이것도 축제에서 경험한 의외의 순간을 일상에서 소화하는 일 아닐까.

지현 김경은 「홍등을 깨트리다」를 읽으면서는 내가 앞서 '한국' 호에서 소개한 『한국 여성문학 선집』이 떠올라서 반가웠어. 선집 1권 마지막에 실린 《장한》은 권번 기생들이 창간한 잡지야. "본래 사람은 다 같은 운명을 타고났을 것이요 다 같은 의무를 가지고 났을 것이다. 그리고 착한 것을 좋아하고 악한 것을 싫어하는 것은 사람의 떳떳한 정"인데, 이를 불가능하게 하는 것이 '기생'이라는 신분이니 "기생이란 부자연한 제도가 어서 폐지되어야 하겠다"라고 기생이 직접 쓰고 있어. 이 글에서 홍등을 깨듯이 말야.

'외부의 개입 없이 스스로 권리 의식을 자각하는 인간'은 이 시대 특유의 인간상인 것 같다는 생각을 해. 아나키즘, 마르크시즘 등 지금으로서는 불가능해 보이는 꿈을 현실적으로 품었던 시대, 인간 본성에 대한 기준과 기대가 동시에 높았던 당시의 분위기가 전해져서 좋았어. 생각해 보면 그런 자각의 순간은 인생에 한 번 있을까 말까 한 희귀한 것이잖아. 그런 자각의 순간이 있어?

새벽 20세기와 21세기의 차이인가? 요즘 전쟁과 평화에 관한 논픽션을 닥치는 대로 읽고 있는데, 점차 나는 그래도 21세기가 좋아져. 20세기의 혁명 조류가 군중을 이끄는 지식인, 전위대, 집권당에 기대를 떨치지 못했다면, 이런 권위주의를 보정하는 게 21세기의 흐름 같아. 꼭 요임금 순임금 같은 소수의 탁월한 지도자만이 아니라, 그냥 인간 자체가 순간적으로는 적대하지만 지속적으로 사회적인 존재라는 경험이 쌓였으니까.

김경은 연구자가 발굴한 이효석의 작품에서는 지현이 말한 자각의 순간을 부영, 봉선 들의 대화로 그려 내서 놀라웠어. 자각이란 내면에서 솟아나는 줄기가 아니라, 옆사람과 대화 속에서 점차 만들어지는 덩어리다.

세영 "무엇이 문제인지 정밀하게 보여 주는 것으로 문제의 해소에 근접하기도 한다는 것을 우리는 모르지 않는다." 동료와 울분을 토하는 점심, 술자리 보낼 때면 늘 홍등을 깨야 한다고 생각해. 무엇이 문제인지 알게 되어서 고통을 견딜 힘을 내기도 하지만 진짜 변화를 일으키는 건 엄청나게 어려운 일이잖아. 홍등을 깨고 나면 늘 예상치 못한 더 큰 문제가 생기곤 하니까.

궁핍한 시대의 축제

지현 르포 작가 정윤영의 「어린이 축제의 승마 체험」은 축제라는 단어에서 내가 가장 먼저 떠올리고 마음이 복잡해지는 장면을 다루는 글이기도 했어. 내가 태어나고 자란 울산에서는 시 관할로 고래 축제를 개최하는데, 고래라는 존재, 동물 종에 대한 존중보다는 고래 '고기' 축제라는 데 가깝기 때문이야. 고래 축제가 개최되는 지역에 상시 마련된 관광 코스도 배 타고 고래를 쫓거나, 고래 전시로 구성되어 있고.

동물 체험 축제에 대한 기억이 있어? 나는 어릴 때 그저 감탄하며 본 동물의 모습이 어른이 되어서는 전혀 다른 의미로 다가왔어. 마치 인간의 원죄를 눈으로 확인한 기분이었어. 고래를 생각할 때마다 그때 본 고래를 떠올리게 되는 것도 꽤 슬픈 일이야.

세영 함평나비축제에 가서 나비가 왜 없냐고 투덜댔던 기억이 있어. 나비축제가 열리는 시기는 나비가 돌아다니기에 너무 추운 때라는 걸 나중에야 알았고. 축제의 면면을 꼽아 보면 '축제를 계속해도 되나?'라는 「기후변화 시대에 축제하기」의 질문으로 자연스럽게 흘러가게 돼. 박선영 활동가는 축제가 발생시키는 탄소 배출량을 측정하고 줄여 나가는 '그린피겨스'에 참여하고 있어. 축제 하면 한가득 쌓여 있는 일회용품이 곧장 연상되며 고통스러운데, 정윤영 작가가 전해 준 '설거지하는 축제', 박선영 활동가의 기후변화 시대에 축제를 계속해 나가는 노력이 반가웠다.

새벽 박선영 활동가의 글에서는 축제의 쾌락과 지속 불가능성이 평행하고 있어. 요즘 시대에는 모든 문제가 이렇듯 중간이 없어! 그런데 글쓴이는 축제의 기후 영향을 측정하는 일이 "평가와 패널티"를 주기 위해서가 아니라 "서로에게 영감을 주고 더 나은 질문을 찾아가는 과정"이라고 지적하는 거야. 고발자가 아니라 작은 영향력자가 되는 일이라면 앞으로도 할 수 있겠지.

축제가 끝나고 난 뒤

지현 마지막에 오는 신동일 「두 언어의 갈림길에서」는 축제를 여러 사람들이 모이는 장소가 아닌, 오디세우스적 자아와 오르페우스적 자아가 부딪히는 내면의 장소로 본 것이 재밌었다. 그렇다면 나는 매일이 축제거든.

새벽 규율에 엄격한 오디세우스와 혼란에 열려 있는 오르페우스 사이에서 오락가락하는 매일이라니. 경문학자 신동일의 글은 무더운 여름날에 오아시스 같은 축제를 보내고, 돌아와서 '앞으로는 어떻게 살아야 하지?' 하고 얼떨떨한 사람에게 지혜를 전해 줘. 나를 표현하는 언어를 갈고닦는 삶을 살라고. "내가 의문문에 관해 아는 것만으로 충분하지 않다. 그런 문장 형식을 반복적으로 사용하는 만큼 나란 존재는 '질문을 할 수 있는 숲'의 형태로 변형된다." 이건 《한편》이 간직하고 있는 언어에 대한 믿음이기도 해.

세영 가끔 '술이나 마시고 싶네' 생각하는데 그럼에도 출근하는 건 오디세우스적 자아 같다. 그리고 금요일엔 억압된 오르페우스가……. 술자리에서도 더 좋은 질문과 대화를 나누는 쾌감이 있는 한편 맘껏 흐트러지고 싶다는 욕망이 솟아오르기도 해. 언제 어디서나 싸우고 있다.

지현 축제란 같은 날, 같은 곳에 모인 사람들이 우리가 동시에 같은 경험하고 느낄 수 있다는 걸 확인하는 자리인 것 같아. 공간이 사람을 불러들여 축제를 만든다.

새벽 심오하다. 그치만 축제로 사회적 에너지를 최고로 끌어올린 뒤에 남는 허탈함과 외로움은 어쩌지? 나는 요즘 후유증이 사흘은 가.

세영 군산북페어 전시에서 이런 질문을 봤어. '만약에 아트북 페어가 그저 공간이나 플랫폼에 그치지 않는다면?' 그런데 군산에서 동아시아의 사회참여예술을 다룬 책 『점(占): 아시아, 참여, 예술』을 발견했거든. 도시를 점거한 홍콩의 우산혁명, 티베트 땅의 흙을 인도로 '이주' 시켜서 여러 티베트인들의 작은 화단을 만드는 참여예술 등을 다루고 있어. 축제가 그저 특정 공간이나 스쳐 가는 플랫폼이 아니라면, 어느 시간 어떤 공간을 점유하는 일, 거기서 뭔가를 키워 내는 일일 수 있겠다.

축제를 즐기고 집에 돌아가는 길 혼자가 되어서도 뭔가 충만한 느낌이 남아 있잖아. 그걸 붙잡고 다음에 다시 모일 수 있고. 그러다 보면 축제가 시작된 바로 그곳을 바꿀 수 있을지도 모르지.

새벽 잠시 차지한 땅에서 뭔가 키우기. 축제를 마치고 돌아오는 길이 헛헛하지 않을 방법이구나. 다음 호 주제인 '혼자'에서 나눌 이야기도 기다려져.

인문잡지 한편
2025년 9월
18호

축제

'축제'를 펴내며	축제의 시작과 끝	4
이수유	죽음과 축제	19
이리예	"뭐 하는 데"	35
최여울	일만년축제 이야기	53
정윤영	어린이 축제의 승마 체험	69
김경은	홍등을 깨트리다	85
국명표	축제 같은 집회와 희망	103
박선영	기후변화 시대에 축제하기	125
신동일	두 언어의 갈림길에서	137
	참고 문헌	153
	지난 호 목록	156

주엽골 축제

이숭우

이수유 서울대 인류학과에서 노환의 민속문화에 대한 연구로 박사학위를 받았다. 주로 가까운 과거의 한국 문화를 다루며, 죽음과 죽임의 문제에 관심을 갖고 있다.

축제란 [죽음을 함께 치르면서 빚어진 무늬]다.

"죽음은 홀로
감당해야 하는 사건이기보다는
많은 사람들이 북적거리며
웃음과 울음이 어지러이 섞이는
가운데 지나가는 일이었다.
축제는 죽음을 몰아내는 것이 아니라
감싸안고 있었다."

죽음이라는 사건에 따라붙는 감정의 이름은 대개 슬픔, 괴로움, 아픔, 그리움 같은 것들이다. 한 존재가 세상에 태어났을 때 그를 반기는 이들이 환희의 표정을 짓는 것과 달리, 한 존재의 숨이 멎고 더 이상 움직이지 않게 되었을 때 가까운 이들은 눈물을 흘리며 흐느낀다. 고인과 잘 아는 사이가 아니더라도 최소한의 침묵과 엄숙을 지키는 것이 오늘날 장례식장의 조문객에게 요구되는 태도일 것이다. 그렇기에 축제라는 말, 즐겁고 떠들썩한 분위기를 떠올리게 하는 그 단어는 죽음과는 아주 먼 것처럼 보인다.

    도시가 아닌 지역에서는 2000년대에 들어서야 장례식장이 일반화되었는데, 그전까지는 사람이 죽으면 그가 살던 집이 장례의 공간이 되었다. 나는 생애의 말년을 병원이나 요양시설이 아닌 집에서 보냈던 20세기 중후반의 생활상을 연구하기 위해 강원도 정선에서 현지조사를 했는데, 고령의 지역 주민들은 내게 예전 방식의 장례에 대한 기억들을 곧잘 꺼내놓았다. 그들은 그 시절의 장례가 무척 고된 것이었지만 호상(好喪)인 경우에 "장사는 잔치"였다고도 했다. 이야기에는 이내 웃음이 섞여들었다.

죽음이 잔치가, 축제가 될 수 있을까? 혹은 축제가 되어도 괜찮은 것일까? 누군가의 죽음으로 모인 사람들이 그곳에서 웃고 떠들고 놀아도 괜찮은 것일까? 이러한 의구심은 내가 알고 있던 축제의 개념이 그들이 해 왔던 잔치와는 다른 것이었다는 데서 비롯되었다. 지금 한국 사회에서 축제란 즐거움과 유희, 오락과 여가, 어쩌다가 찾게 되는 놀거리, 지역의 관광과 홍보 수단으로 여겨지기 쉽고, 꼭 필요하기보다는 여분의 것으로, 대개는 진지하거나 엄숙한 것과는 별개의 것으로 자리하고 있기 때문이다.

오래된 사회의 의례들은 지금 우리가 예술이라고 부르는 거의 모든 것들, 즉 음악, 미술, 무용, 연극, 시,

소설과 같은 창조적 요소를 포함하고 있었다. 축제로 거행되었던 의례들이란 가볍기보다는 무거운 것, 잉여적인 것이기보다는 필수적인 것, 소비와 취향이 아니라 가치와 의미에 직결된 것이었다. festival의 유래가 성일(聖日)이고 축제라는 단어에 기원[祝]과 제사[祭]의 의미가 들어 있듯, 애초에 축제란 종교적인 것이었다. 보이는 것과 보이지 않는 것, 살아 있는 것과 그렇지 않은 것을 관통하고 매개하는 것이 축제라면, 죽음과 축제의 거리는 그렇게 멀지 않은 셈이다.

장사를 치르러 모인 사람들

밥그릇도 없을 정도로 가난한 집에 시집온 반천리의 옥례 씨는 시아버지가 돌아가셨을 때 어땠느냐는 나의 물음에 그저 잠잘 새가 없었다고 답했다. 칠일장을 지내는 동안 술을 빚고 음식을 만드느라 쉴 틈이 없었고, 장지에 관을 묻고 돌아온 날에는 마지막 제사 음식을 마련한 뒤 부뚜막에서 그대로 잠이 들었다. 캄캄한 밤 일어나 보니 손님들은 모두 돌아가고 없었다. 시부모에 시조부모까지 모셔야 했던 광덕리의 홍자 씨에게도 장사에 대한 기억은 무엇보다 고된 노동에 대한 것이었다. 그는 하루에도 몇 번씩 먼 곳의 샘에서 물을 길어 와야 했는데, 장사가 끝난 뒤에는 다리 안쪽이 모두 헐어 쪼그려 앉지 못할 정도가 되었다.

집에서 장사를 치른다는 것은 시신을 다루는 일부터 수의와 상복을 짓는 일, 관을 짜고 상여를 조립하는 일, 조문객을 대접할 음식과 술을 마련하는 일에 이르기까지 촘촘하고도 방대한 노동을 요구했다. 그 일들을 집안 식구들이 모두 감당하기는 어려웠기에, 한 집에 초상이 나면 마을 사람들이 가서 돕는 것이 관례화되어 있었다. 안정적인 협력을 위한 계 조직도 있었는데 상당한 강제성을 띠기도 했다. 어떤 마을에서는 계 활동에 참여하지 않아 빈축을 사던 인물이 막상 집안에 상을 당하게 되자 계원들 앞에 무릎을 꿇고 읍소하여 겨우 도움을 받아 낸 일도 있었다.

중요한 것은 누군가의 죽음으로 촉발된 상황, 즉 장사를 치르기 위해 고강도의 노동과 협력이 요구되는 상황은 평소보다 훨씬 강한 사회적 교류를 만들어 냈다는 점이다. 여성들은 수의와 상복을 짓고 음식과 술을 만드는 일을, 남성들은 시신을 다루고 상여를 조립하는 일, 관을 운구하고 무덤을 만드는 일을 맡았다. 이 일들의 일부는 차츰 외주화되었지만, 적어도 장례식장이 보편화되기 전까지 사람들은 내리 초상집에 모였고, 짧게는 사흘, 길게는 닷새나 이레까지 그 집을 드나들었다. 그렇게 모인 이들 사이에 오간 것이 단지 슬픔과 위로만은 아니었을 것이다.

집안 식구만이 아니라 동네 사람들이 모여 갖은 일을 함께한다는 점은 장례와 혼례의 공통점이기도 했다. 이 둘은 한 사람이 겪게 되는 생애 과정의 주된 사건일 뿐 아니라, 온 마을 사람들이 모여 북적거리게 된다는 점, 상당한 양의 노동을 함께 해내야 한다는 점에서도 대사(大事)였던 것이다. 미리 날을 받아 두는 혼사에 비해 장사는 언제 당할지 정확히 예측할 수 없다는 점에서, 그리고 여러 날에 걸쳐 행해진다는 점에서 훨씬 힘이 드는 것이었지만, 핵심이 되는 사건을 제외하고 본다면 둘 모두 일상과는 다른 사회적 에너지로 충만한 시간이었다.

팥죽, 고질, 떡

조문 온 친척과 이웃들이 모이는 장삿집에는 음식이 끊이지 않아야 했고, 평소에 먹기 힘든 음식들이 풍성하게 차려진다는 점에서는 잔칫집과 다를 것이 없었다. 밀려드는 손님들을 접대할 음식과 술이 떨어지지 않게 하기 위해서는 그에 맞는 일머리와 역할 분담이 필요했다. '과방' 역할을 맡은 사람은 손님의 수와 음식의 배분을 계산했고, '도빈'은 손님을 안내하는 역할이었다. '공기'는 상을 차리고 수저 놓는 일을, '상들이'는 상을 방으로 나르는 일을, '주감'은 술과 관련된 일을 담당했다. 이러한 역할 분담은 혼사를 치를 때도 동일하게 나타나는 것이었다.

장삿집에 가면 먹을 것이 풍족하다는 사실은 누군가의 죽음에 대해 갖게 되는 은밀한 기대감으로도 연결되었는데, "사람 죽은 생각은 안 하고 팥죽 들어온 생각만 한다."라는 정선의 관용 표현은 정확히 그 부분을 찌르는 말이다. 초상이 나면 이웃에서 팥죽을 쑤어 부조를 했는데, 장사 음식의 대표격이었던 팥죽은 의례적 의미를 갖기도 했지만 일차적으로는 식욕을 돋우는 것이었다. 늘 음식이 귀하고, 밥을 지을 때면 갖은 나물을 섞어 양을 늘려야 했을 만큼 곤궁했던 시기에 마을에 초상이 났다는 것은 누구든 그 집에서 배불리 먹을 수 있게 되었음을 뜻했다.

죽음과 식욕을 연결하는 더 적극적인 형태의 농담도 있었다. 과질(과줄)이라는 음식은 찹쌀과 멥쌀 빻은 것을 찌고 말려서 튀겨낸 다음 엿으로 버무린 것으로, 장사나 잔치, 그리고 명절에나 맛볼 수 있었다. "과질 먹게 생겼다"라는 말이 임박한 죽음을 뜻했던 것도 그러한 이유에서였다. 전해지는 이야기에 따르면 동네에 한 젊은 사람이 "할머이 얼른 죽어야 과질을 큰 거 얻어먹을 긴데."라며 노인들을 놀리곤 했는데, 뜻밖에도 이 사람이 먼저 죽게 되자 평소에 그를 탐탁치 않게 여기던 노인이 "젊은 놈의 과질도 꼬시다."라고 맞받았다고 한다. 이 날선 말에서도 누군가의 죽음은 남은 이들에게 특별한 음식을 맛보게 하는 계기로 그려진다.

장지에서 관을 묻고 흙을 다져 봉분을 만든 뒤에는 성분 제사를 지냈는데, 그때 마련된 떡은 모두에게 골고루 배분되었다. 상여를 맸던 사람들이 먼저 받았고, 그다음에는 차례로 남은 사람들이 한 덩이씩 받았다. 아이들까지도 떡 한 덩이 얻어 갈 마음으로 장지에 따라가곤 했다. 각자에게는 한 사람의 몫만 주어졌기에, 등에 베개를 놓고 그 위에 보자기를 씌워 아기를 업은 것처럼 보이게 한 사람도 있었다. 그런 눈속임을 모르지 않았겠지만, 그 마음을 내칠 만큼 인색하지는 않았던 것이 당시 장례의 분위기였다.

상엿소리와 장례행렬

마을에 초상이 나면 시신 다루는 일을 맡았던 여량리의 재철 씨는 염을 할 때 한 마디도 말을 해서는 안 된다고 말해 주었다. 말소리를 들은 시신이 갑자기 피를 토하는 수가 있기 때문이었다. 사람이 숨을 거둘 때 몸에서 나오는 똥은 배내똥이라 불리었고, 여름에 장사를 치르면 관을 바깥에 보관해 두어도 시신이 상하는 일이 잦아서 운구하는 동안에도 냄새가 코를 찌를 정도였다. 겨울이면 겨울대로 눈을 헤치며 산에 올라야 했고 단단하게 언 땅을 파 내려가는 것도 쉽지 않았다.

결코 녹록지 않은 일들이었지만, 그래도 그 시절의 장사는 재미있는 것이었다고 그는 말했다. 물론 수를 다 누리지 못한 갑작스러운 죽음이나 장사를 제대로 치러낼 만큼 집안 형편이 넉넉하지 않은 경우 조문객의 웃음은 용납되기 어려웠지만, 살 만큼 살았다고 여겨지고 장사를 치러 줄 자손들이 건재하는 호상의 경우에는 죽음이 비통한 것만은 아니었다. 목청 좋은 선소리꾼이 인간사의 허망함을 읊는 회심곡을 부르면 모두들 눈물을 쏟았지만, 적어도 호상인 경우의 장사는 "장난에서 시작해서 장난으로 끝나는" 것이라 말해질 정도로 짓궂고 또 흥겨운 것이었다.

    장례의 축제적인 분위기가 정점에 다다르는 것은 보통 출상 전날이었다. 이튿날 사용할 상여를 조립하기 위해 초상집 마당에 모인 상두꾼들은 예행연습을 했다. 관을 싣지 않은 상여를 메고 발걸음을 맞추었고, 선소리꾼의 선창에 후렴구를 받으며 다음 날 있을 행상을 시연했다. 장난의 만만한 대상은 그 집안의 사위였는데, 흥에 오른 상두꾼들은 그를 심문하며 술이며 담배를 뜯어내곤 했다. 상복을 입고 지팡이를 짚은 채 구슬프게 곡을 하는 상주들의 모습과, 장난과 웃음으로 떠들썩한 상두꾼들의 모습은 둘 다 장례의 전형적인 풍경이었다.

호상으로 치러졌던 장례의 광경은 부모를 봉양하는 의무를 다했던 이들에게는 그간의 노고를 위로받게 하는 것이기도 했다. 오래 시모의 병 수발을 했던 연순 씨는 음력 섣달이었던 장삿날을 흐뭇한 마음으로 기억하고 있었다. 얼어붙은 강 위를 걸어 조문 온 손님들이 집 안에 가득했고, 장사를 지내고 돌아올 때 눈이 펑펑 쏟아지자 그 모습을 본 이웃들이 잘 살 거라는 뜻이라고 말해 주었다. 그에게 죽음은 홀로 감당해야 하는 사건이기보다는 많은 사람들이 북적거리며 웃음과 울음이 어지러이 섞이는 가운데 지나가는 일이었다. 축제는 죽음을 몰아내는 것이 아니라 감싸안고 있었다.

비극을 함께 견디며 빛어진 문화

장례식장이 생기면서 나타난 변화에 대해 주민들은 세월이 좋아진 것이라고 말했다. 그 많은 손님을 좁은 집에서 받고 쉴 틈 없이 술과 음식을 준비하는 일, 시신을 다루거나 상여를 메고 가파른 비탈을 올라야 하는 일을 직접 하지 않게 된 것은 과중한 노동으로부터의 해방이었다. 과거 선소리 가사를 떠올리면서 울컥하거나, 상두꾼들이 장난치던 광경을 회고하며 즐거워하기도 하지만, 아무래도 그들은 그 시절로 돌아가는 쪽을 선택하지 않을 것이다. 지나온 삶에 대한 이야기 속에서는 그때가 좋았다는 말보다 그런 세월에 어떻게 살았는지 모르겠다는 말을 훨씬 자주 들었다.

다만 그 시절 치러졌던 장례의 모습은 지금의 우리에게 축제가 무엇인지를 질문하게 한다. 온갖 축제가 범람하는 사회, 의례의 외피를 보기 좋게 꾸며 소비의 대상으로 진열하는 지금의 사회에서 축제의 행방을 묻게 하는 것이다. 즐거움이 지상 가치인 듯 보이는 지금의 축제들과 달리, 장사 때 치러졌던 잔치의 한가운데에는 죽음, 그러니까 희극이 아닌 비극이 있었다. 음식과 술, 농담과 웃음, 장난과 떠들썩한 분위기는 애통해하는 이들 곁에 드문드문 놓여 있었다. 누군가 죽고 떠나는 동안에도 세상의 소리가 사라지지 않음을, 숨쉬고 살아 있는 이들이 곁에 있음을 알리는 신호처럼.

내가 만난 이들의 기억 속에 남아 있는 장례의 축제적 외양은 집집마다 찾아오는 비극의 시기를 함께 다루면서 빚어진 무늬 같은 것이었다. 그렇게 볼 때 축제란 각자가 지닌 색색의 쾌락을 충족시키는 것이기보다는 홀로 맞서기 힘든 비극을 감당하는 과정에서 펼쳐지는 것일 수 있다. 죽음은 하나의 공백을 만들어 내지만, 그 공백으로 수렴하는 힘들을 느끼게 하는 계기이기도 하다. 웃음과 울음은 반대되는 것처럼 보이지만, 고독이나 침묵에 견주었을 때는 같은 편이다. 어쩌면 지금 이 순간에도 축제적인 것은 크고 작은 비극으로 모여드는 이들, 비극 곁에 머무는 이들 가운데 잠재해 있는지 모른다.

"꽃파는 처녀"

이기영

이리예   이화여대 국문학과 영문학을 공부한 뒤 같은 대학 여성학과에서 「관계적 이야기의 즐거움 연구: '자캐커뮤' 경험을 중심으로」으로 석사 학위를 받았다. 시민단체 투명사회를위한정보공개센터에서 활동가로 일하며 페미니스트 연구 웹진 《Fwd》에서 필진으로 글을 쓴다. 래리 니븐의 소설집 「변덕스러운 달」을 한국어로 옮겼고, 단편 소설 「슬롯 파더」 등을 발표했으며 함께 쓴 책으로 『폭주하는 남성성』이 있다. 온·오프라인을 넘나들며 융성하는 오타쿠들의 창작 문화를 관찰하기 좋아하고, 그때그때 꽂힌 재미만 쫓아다닌 이 중구난방한 약력을 어쩌면 좋을지 걱정을 미루고 있다.

축제란 [현실의 한 귀퉁이를 은근슬쩍 점유하는 일]이다.

"'지갑은 비우고, 쇼핑백은 채우게
만드는 희열. 새롭게 차오르는 덕심,
작품에 대한 신선한 영감을 품고 다음
온리전이 열릴 그날까지
살아갈 의욕을 안겨 주는 열기."

"이건 뭐 하는 줄이에요?"

지나가던 누군가가 그렇게 물을 때면, 나는 허어…… 하고 말을 끌며, 우리가 이룬 행렬을 같이 쳐다보곤 했다. 주말 아침 7시부터 회관, 홀, 체육관, 그런 말로 끝나는 곳의 출입문에서부터 이중 삼중으로 길게 늘어선 우리를.

제일 먼저 눈에 들어오는 것은 물론 이 엄청난 길이의 줄이다. 이런 건 애플이나 나이키의 신제품을 사기 위해 선다는 그런 줄과 같아 보인다. 그런데 행렬을 이룬 거의 모두가 여자애들 같다. 엄청 큰 토트백을 멘 저 사람, 여행용 캐리어 손잡이를 잡은 저 사람, 공주와 같은 드레스를 입은 저 사람, 고개를 푹 숙이고 핸드폰만 두드리는 저 사람 전부가. 그건 또 마치 뮤직뱅크나 인기가요 방청을 위해 방송국 문 앞에 늘어선 그런 줄처럼 보인다.

하지만 여기는 매장도 방송국도 아니다. 평소라면 인파가 생기지도 않을 어쩌고 회관, 홀, 체육관 앞이다. 그래, 궁금할 만도 하다. 이 여자애들은 도대체 어디서 나타난 건지, 무엇을 이렇게 기다리고 있는지.

"행사가 있어서요."

나는 그렇게 대꾸하곤 했다. 그 대꾸에 만족하고 떠나갈지도 모른다는 기대가 무참하게 상대는 기어코

"무슨 행사?"

하고 되묻곤 했다. 그러면 나는 다시금

"으으음……."

하고 말을 끌며, 무엇을 얼마나 일러 주어야 하는가 고민에 빠졌다.

이곳의 이름은

그 고민은 십수 년 뒤 이 행사들을 떠올려 보며 글을 적고 있는 지금도 마찬가지다. 이름부터 얘기하는 게 좋

을까? 이 행사의 이름은 온리전이라고 한다. '오직'을 뜻하는 영어 단어 only와 '전람회' 할 때 展 자를 합친 것이다.

아무래도 이름만으로는 아무 궁금증도 해결할 수 없는 것 같다. 여기 모이는 사람들이 누구인지부터 소명해 볼까. 이들은 어떤 만화 또는 만화에 나오는 한두 등장인물을 좋아하는 팬, 오타쿠다. 만화가 아니라 소설일 때도, 게임이나 영화, 드라마나 연극일 때도 있다. 이러면 행사명의 미스터리는 해결된다. 온리전은 '오직' 그 작품만을(또는 등장인물만을) 다루기 때문에 그러한 이름인 것이다.

하지만 역시 궁금한 건 그 팬들이 여기 모여 무엇을 하느냐일 것이다. 작가와의 팬미팅? 원화전이나 특별 상영회? 굿즈 팝업스토어? 전부 아니다. 온리전에는 오직 팬들이 만든 비공식적인 것만이 있다. 온리전 참가자들은 이 작품(또는 등장인물)에 관하여 직접 쓰고 그린 만화와 소설을 사고판다. 자신이 상상해 본 뒷이야기나 사건의 진상, 등장인물 간의 로맨스, 소소한 일화, 이야기가 원래 줄거리대로 흘러가지 않았다면 벌어졌을 일, 등장인물들이 완전히 다른 시공간에 존재했다면 벌어졌을 일……. 이런 내용을 책(이걸 회지나 동인지라고 부른다. 동인지라는 표현은 조금 올드 패션일지도)으로 만들어 파는 것이다.

회지만 있는 것은 아니다. 직접 그린 일러스트 스티커, 작품을 모티프로 삼아 만든 구슬 팔찌, 솜인형, 메모장, 책갈피, 키링 등 팬들이 저마다의 아이디어로 만든 물질들로 온리전은 가득 차 있다. 그런 곳을, 대체 뭐라고 명료하게 정의할 수 있는 걸까?

"만화 행사 같은 거예요."

나는 그렇게 타협하곤 했다. '같은 거'라는 말에는 이곳을 어물쩍 둘러대고 싶지는 않은 마지막 의지 같은 것이 담겨 있었다. 아무튼 대개 만화라는 것은 사람들의 관심사가 아니기 때문에, 행인은 석연치 않지만 그러려니 고개를 끄덕이며 떠나곤 했다.

한편으로 그렇게 호락호락하지 않은 때도 있다. 회관 로비에 놓여 있는 오늘의 행사 안내판에 온리전 명이 붙어 있는데 그게 또 하필이면 '누구와 누구의 결혼식'인 경우라든가. 그 누구들의 이름이 아무리 봐도 한국식은 아닌 경우라든가. 그러면 이제 지나가던 아저씨는 더욱 구체적인 궁금증을 품고 말을 붙이는 것이었다.

"결혼식? 결혼식 온 거예요?" 하고.

그 순간을 모면하고 나면 줄에 선 우리는 누구랄 것 없이 콧구멍 벌렁이며 웃음을 애써 참고, 누군가는 핸드폰 자판을 두드리며 트위터에 이 뉴스를 전했다.

'아 입장줄 서 있는데 어떤 분이 와서 누구 결혼식이냐고 물어봄 ㅠㅠㅋㅋㅋㅋ'

그러면 돌아오는 반응은 대체로 이런 식.

'아 어떡해요 웃으면 안 되는데 웃겨요 ㅠㅠㅋㅋㅋㅋ'

온리전 줄에 서 있는 우리의 심사는 그 ㅠㅠ와 그 ㅋㅋ 사이에 있었다. 타인에게 발각됐다는 과잉된 민망함, 그러나 그는 결코 모를 것이라는 우쭐한 즐거움 사이에.

온리전의 하루

온리전 당일 오전 11시, 참관객 입장 시각이 되면 멈춰 있던 줄이 나아간다. 행사장 입구에서는 자원봉사하는 스태프들이 입장료를 받고, 안내 팸플릿과 종이 쇼핑백 따위를 건네준다. 어디를 먼저 들를지, 주최 측에서 판매하는 랜덤 포토카드에 얼마를 쓸지 머릿속으로 계획을 짜며 행사장에 발을 들여놓는 순간, 나는 민망함과 작별하고 온리전의 일원이 된다.

충고 높은 회관 안에는 이 작품의 팬이라면 누구나 알 만한 노래가 울리고 있다. 실물 크기로 그려진 등장인물의 현수막이 높은 벽에 드리워져 있다. 행사용 렌탈 테이블이 줄을 맞추어 회장 끝까지 늘어서 있고, 그 위로는 갖가지 회지와 굿즈, 인형, 그림이 아기자기하게 전시되어 있다. 테이블을 사이에 두고 사람들이 책을 주고받는다. 오랜만에 만났다며 반가워하는 얼굴들, 인기 부스(칸막이 구조 없이 테이블뿐이지만, 아무튼 그 자리를 부스라고 부른다.) 앞 인파 속에는 회지를 살 수 있을까 초조한 얼굴도 보이고, 전설의 회지를 드디어 구했다며 기뻐하는 얼굴도 보인다. 나는 그 사이를 어슬렁거리며, 테이블에 전시된 회지를 들춰 보기도 하고, 무료 배포라고 적힌 바구니에 든 스티커를 하나둘 쥐어 들기도 하고, 우연찮게 만난 지인과 인사를 나누기도 한다.

오후 3~4시쯤 되면 판매전이 종료되고, 경품 추첨을 비롯한 이벤트가 이어진다. 다 함께 테이블 위를 정리하고, 회관 한편으로 밀어 둔 뒤 바닥에 앉아 무대를 바라본다. 사회를 맡은 스태프가 무대에 올라 오늘 제일 멀리서 찾아온 참관객이 누구인지 묻는다. 온리전은 대개 서울에서 열리는데 부산은 물론 제주, 가끔은 외국에서 온 사람도 나온다. 좌중 감탄 속에 선물이 증정된다. 회지를 가장 많이 구매한 참가자에게 '구매왕' 경품을, 가장 두툼한 회지를 창작한 참가자에게 '원고왕' 경품을 준다. OX 퀴즈, 빙고 게임, 경품 추첨 등이 끝나면 벽에 걸려 있던 등장인물 현수막인 등신대의 경매가 시작된다.

온리전은 여러 팬들의 협력으로 만들어진다. 그중에는 등신대와 같은 그림을 그리는 협력자도 있다. 대형 출력을 위한 전신 캐릭터를 그리는 일이 쉽지 않기에 보통 실력이 출중한 코어 팬이 이 임무를 맡는다. 그렇게 정성스럽게 그려진 등신대를 스태프가 한껏 높이 치켜들고 펼쳐 보이면 회장에는 감탄의 탄식이 흐른다.

그곳에서 등신대는 그저 현수막이 아니다. 수많은 오타쿠들의 협력으로 이 온리전이 존재했음을 온몸으로 보여 주는 정수다. 그런 것을 낙찰받는 것은 그 인물을 가장 사랑한다는 증명과도 같다. 원래 오타쿠라는 존재는 자신의 헌신과 애정이 결코 헛되지 않다는 걸 느끼고 싶어하는 법이다. 가장 높은 가격을 불러 경쟁자를 제치고 등신대를 거머쥐는 것은 어딘가 영예로운 일처럼 느껴지기까지 한다. 시작가에 손을 들어 보는 것으로 만족하는 참석자가 있는가 하면, 비장한 각오로 손을 척척 들며 상한가까지 달려가는 폭주기관차 같은 참석자도 있다. 감탄의 눈길 속에서 등신대는 낙찰되고, 무대로 올라온 낙찰자에게 수여된다. 값을 흔쾌히 치르는 낙찰자의 소감을 듣고 그 쿨함에 감탄하거나 간절함에 공감하며 좌중은 박수를 보낸다. 그 후엔 돌아가는 일만이 남는다. 장내를 분주히 정리하는 스태프를 뒤로하고, 전리품과 재고를 진 채 웃고 떠들며 역을 향해 걷는다.

신성한 영감, 살아갈 희망

이젠 그런 경험도 꽤 드문 일이 되었다. 온리전은 이제 그다지 열리지 않는다. 2010년대 중반쯤 온리전 반달리즘이 일어나기 시작했다. 작품이나 참가자에 반감을 품고 대관처에 온리전 취소를 요구하는 일이 빈번해진 것이다. 이들은 온리전에서 물건을 사고파는 영리 행위가 일어난다, 등신대 경매라는 사행 행위가 일어난다, 포르노그래피가 유통된다 등등의 사유로 온리전을 문제 삼았고, 대관료가 저렴해 인기 있던 공공시설들은 이 행사를 거부했다.

그래도 온리전은 이어졌다. 대외적으로 장소는 숨긴 채로. 권세와 재력이 있는 팬덤은 값비싼 호텔 컨벤션홀을 턱턱 대관하여 뭇 오타쿠들의 선망을 받기도 했다. 온리전의 명맥을 끊어 버린 것은 코로나19 사태였다. 행사 집합금지 지침이 내려지며 수많은 온리전이 취소되었다. 그 후로 오타쿠 행사의 새로운 판도가 만들어졌으니 생일카페였다. 생일카페란 본디 실존하는 배우, 가수, 스타의 팬들이 만든 문화를 차용한 것인데, 캐릭터의 생일에 맞추어 회관, 홀, 체육관이 아니라 카페를 대관하고, 이곳에서 음료를 구매하면 컵홀더를 비롯한 굿즈를 증정하는 행사다.

2023년 만화 슬램덩크 등장인물 정대만의 생일카페는 오타쿠들 사이에서 소소한 센세이션을 일으켰다. 카페 공간에 꼭 그가 실존하는 것처럼 꾸며 놓았기 때문이다. 그가 땀을 닦을 것 같은 타올, 사물함, 책걸상,

물 흐르는 소리가 나는 샤워실 앞 빨래 바구니 따위. 다녀온 사람들이 올린 사진을 보면서 나는 어쩐지 흘러간 온리전의 풍경을 떠올렸다. 반나절 동안 한 공간을 메운 노래와 팬들, 그토록 열광하던 등신대와 회지들에 대해.

결국 온리전에서 하고 싶었던 것은 현실의 한 귀퉁이를 은근슬쩍 점유하는 일이었는지도 모른다. 호들갑스럽게 민망해하면서도 남몰래 으스대며, 너희는 모르는 무언가를 우리는 만끽한다는 경험이 나는 즐거웠던 것인지도 모른다.

나는 온리전이 좋았다. 하염없는 입장 대기, 미어터지는 인파, 스태프의 패닉과 장내 대혼돈, 저질체력과 사람멀미의 콜라보 속에 '진짜 다음에는 안 온다'고 매번 다짐했으나, 온리전이 열리는 주말마다 입장 줄에 서 있었다. 끽해 봐야 손바닥만 한 핸드폰에 들어 있던 나의 온라인 나와바리가, 프로필 사진과 단문 메시지들로 존재하던 사람들이, 이토록 널찍한 공간이 미어지도록 모일 수 있는 그 반나절이 좋았다. 행사 아이디어에 대한 감탄과 박장대소, 경품에 대한 갈망, 사무치는 반가움과 그리움, 무엇보다도 우리끼리의 창작물을 향한 흥분과 열광…… 갖가지 격정이 뒤범벅된 회장의 분위기가 좋았다. 그 들뜬 열기에 푹 젖어 있는 걸 좋아했던 것일지도 모른다. 지갑은 비우고, 쇼핑백은 채우게 만드는 희열. 새롭게 차오르는 덕심, 작품에 대한 신선한 영감을 품고 다음 온리전이 열릴 그날까지 살아갈 의욕을 안겨 주는 열기.

A4 용지를 반으로 접어 만든 네 페이지짜리든, 상하권으로 이루어진 몇백 페이지짜리든 회지는 진솔한 것으로 채워져 있다. 날것처럼 질척하거나 정교하게 세공된 그의 욕망이 그 복사용지에는 아로새겨져 있다. 회지에 담긴 캐릭터의 얼굴, 고백, 우정과 배신, 갈등과 추억, 나고 자란 고향 풍경, 알려지지 않은 가족, 숨겨진 과거, 다른 선택, 다른 운명 등등. 회지는 만든 이가 사무치게 보고 싶었던, 그리고 다른 팬을 반드시 그 속으로 끌어들이고 싶었던 장면을 그린다. 회지는 그가 작품을 정독하고, 작가와 성우의 인터뷰를 더듬더듬 번역하고, 새로 공개된 일러스트레이션의 상징성을 찾아내고, 배경이 되는 지역을 찾아가고, 역사와 언어, 식문화와 의복 따위에 대해 탐닉하며 재해석한 그만의 진실이다. 온리전은 그런 가지가지의 진실이 받아들여지고 유

통되는 현실의 한 귀퉁이다. 같은 작품을 보고도 우리는 서로 다른 캐릭터에게 반하고, 다른 메시지를 읽고, 다른 장면을 갈망한다. 온리전에서 어슬렁거리며 회지를 들춰 볼 때마다 두근거렸던 것은, 그리고 의욕을 얻었던 것은 그런 새삼스러운 사실 때문이었을 것이다. 가지가지의 욕망을 나누려는 사람이 그 시공간을 꽉 채우고 있다는 사실 말이다.

좋아하는 게 있다면

팬처럼, 오타쿠처럼 열중하여 좋아하는 것이 있는 사람이라면 누구에게나 그런 행사가 있을 것이다. 아는 사람끼리는 이렇게 구구절절 설명할 것도 없는 그런 국소적이고도 국부적인 행사. 뭐 하는 데냐는 질문에 대답하기 쉽지 않은 그런 행사. 생각해 보면 당연하다. 그곳에서 도모하는 작당의 유형은 축제이니까. 일상을 벗어나 괴상망측한 의식을 꾸미고, 다 함께 동참해 흥청망청 웃고 떠들다 돌아오는 일이니까.

아마도 우리가 즐긴 것은 축제였다. 축제라고 선언하기엔 낯부끄럽고, 건실한 잣대 앞에서 결격 사유만

많아 보였지만 우리에겐 소중한 향토축제나 마찬가지였다. 대관처, 출력소, 굿즈 공장들과 아마추어 창작자들의 경제 활성화, 작품을 마음의 거처로 삼는 주민 화합, 작품을 재방문하는 관광객 유치까지 해내는 축제. 축제라는 거창한 이름으로 사유하기도 전에, 서로서로 부끄러움을 깨고 나와 서로서로 회고해 보기도 전에 소강되어 가는 축제.

이제 작품의 팬들이 사고파는 창작물은 팬픽보다도 굿즈들이다. 팬보다도 작품 관계자들이 먼저 나서서 팬들이 모일 축제를 마련해 주기도 한다. 그래서 더더욱, 팬들이 지어낸 '불온한' 팬픽은 전면에 등장시키기 곤란한 점이 있을 것이다. 그러한 흐름 속에서, 회지와 열광을 만들어 내던 우리의 온리전은 점차 저물어 가고 있다.

그래도 축제가 계속될 것만은 확신한다. 다른 모습으로, 다른 열광을 품고. 축제를 꾸리는 사람들의 집념과 욕망은 계속 살아남을 것이다. 따분한 일상을 잠시 떠나, 잠시 '우리'라는 넓고 편안한 상태가 되어 우리의 공통된 무언가를, 또는 우리 자신을 (살짝 민망해하면서도) 진지하게 기념하는 일을 아무튼 계속해 오고 있으니까. '뭐 하는 데'를 발견할 때 발걸음을 옮기는 것, 그곳에서 벌어지는 일을 잠시 지켜보는 관중이 되는 것, 아니면 그런 데를 굳이 시간 내어 찾아가는 것, 뭔지 모르는 줄을 서 보는 것, 그래서 뭔지 모를 것을 받아오는 일 같은 경험 말이다.

당신과 나의 앞날에 도사리고 있을 축제는 뭐 하는 델까. 뭐가 됐든 이번에는 축제로 제대로 즐겨 주겠다고 다짐한다. 그 입장줄에 서서, 뭐 하는 데냐는 질문을 받아칠 단어를 만들어 주겠다. 우리를 울리는 통념질서와 우리를 웃기는 상상력 사이에서.

일상축제 이야기

축일

최여울　　　성미산학교 졸업생. 성공회대학교 사회융합학부 학부생. 베트남전쟁 참전군인과 참전군인 2세, 유가족의 이야기를 담은 기록집 『전쟁에 동원된 남자들』을 함께 썼다. 복잡한 이야기들을 만나는 과정을 통해 질문을 찾아가고 있다. 만남이 낳는 두려움을 마주하며, 그럼에도 타자에게 곁을 내어줄 수 있는 배움을 이어 가려고 한다.

축제란 [잃어버린 것을 불러오는 곳]이다.

"내가 경험한
아이누모시리 일만년축제는
오히려 즐겁게 서로를 환대하며
우리가 잃어버린 것을
지금, 이곳에 모인 우리에게로
다시 끌어오는 장소에 가까웠다."

내가 살고 있는 성미산마을에서는 매년 마을축제가 열린다. 서울 마포 성미산 산자락에 있는 공원에 마을 사람들이 모여 서로가 준비한 다양한 부스를 구경하고, 맛난 먹거리를 나누어 먹으며 그날의 무대를 위해 아껴 두었던 흥을 내보인다. 하이라이트는 마을 사람들이 기부한 물건들을 제비뽑기로 추첨하는 것이다. 보통은 커피, 동네 가게 상품권, 옷, 애장품 같은 것들로, 매년 가장 인기 있는 물건은 택견장 사부님이 기증하는 자전거다.

여덟 살 때부터 스물이 된 지금까지 성미산마을에 살며 코로나 시절을 제외하고는 매년 축제에 갔다. 갈 때마다 다른 일을 했다. 초등학생 시절에는 동네에 사는 길고양이들의 병원비와 사료 값을 모으려고 꼬치를 팔아 돈을 모았고, 어떤 해에는 필수로 들어야만 했던 춤 수업에서 공연을 올리게 되었는데 너무 부끄러워서 공연 전에 냅다 도망친 적이 있다. 중학생 때는 제로 웨이스트 생활을 실천하는 쉬운 방법을 알려 주는 캠페인 부스를 열었고, 그다음 해에는 퀴어 인권 동아리의 활동비를 모으기 위한 후원 부스를 열었다. 고등학생 때는 난민 신청자를 지원하는 교내 매점의 운영비를 벌고자 솜사탕을 만들어 팔다가 더운 날씨에 설탕이 다 녹아 버려 철수했던 경험도 있다.

축하하고 기리는 곳

작은 마을축제에서도 나와 친구들은 별의별 일을 다 벌일 수 있었고 언제나 환대받았다. 나에게 축제는, 하고자 하는 일이 있을 때 마을 사람들에게 살짝 기댈 구석을 내어 달라고 제안할 수 있는 자리였다. '오늘은 축제 날이니까' 하는 마음은 평소보다 더 많은 것을 수용할 수 있게 만들어 주었다. 또 그만큼 다른 사람들에게 나의 품을 내어 주기도 했다. 축제에 가면 동네책방에서 어떤 책을 파는지, 마을 어린이들이 어떤 놀이를 하는

지, 발달장애청년들이 어떤 노래를 만들었는지 알 수 있었고, 소소하게 함께할 수 있는 일을 했다. 무엇보다 마을축제는 서로 만나 즐거운 시간을 보내는 장소였다.

성미산 마을축제는 성미산마을이 생기는 과정에서 생겨났다. 2000년대 초반, 동네 사람들의 쉼터이자 어린이들의 놀이터, 수많은 새들과 나무들과 곤충들의 삶터인 작은 뒷산 성미산은 현시대 산과 숲과 갯벌들이 숱하게 겪는 위기에 처했다. 바로 자본과 발전의 논리에 의한 개발의 대상이 된 것이다. 산을 깎아 낸 자리에 물탱크를 설치하고 학교를 짓는다는 계획이 들려오자 동네 사람들이 모여 개발에 반대하는 목소리를 내기 시작했다. '성미산 지키기' 투쟁으로 모인 사람들이 생태와 환경, 돌봄과 연대의 가치를 이어 나가고자 만들어진 것이 성미산마을이다.

투쟁 속에서 성미산의 첫 번째 개발 계획이 무산된 이후, 마을 사람들은 개발을 막아 낸 것을 축하하는 동시에 이미 강행된 일부 공사로 인해 잘려 나간 나무들을 기리는 의미를 담아 축제를 열었다. '축제'라는 단어가 한자로 빌 축(祝)에 제사 제(祭)를 쓰듯이, 기쁨을 나누는 동시에 잃어버린 것들을 애도하는 자리가 만들어진 것이다. 성미산은 2025년이 된 지금도 여전히 그리고 또다시 개발의 위기 속에 있다. 구청에서 성미산 길에 데크와 구름다리 등을 만들겠다는 계획을 발표한 것이다. 그 속에서 우리는 또 축제를 열어 간다.

다른 축제를 만나려

1년 전 나는 성미산마을에 있는 대안학교인 성미산학교의 졸업반이었고 한 달째 일본을 여행 중이었다. 졸업을 위해서는 한 가지 탐구 주제를 정해서 프로젝트를 진행하고 보고서를 작성해 제출해야 했다.

나는 다른 사람의 이야기를 통해 세상을 만나는 인터뷰 활동을 쭉 이어 오다가 베트남전쟁 참전군인들을 만나게 되었고, 전쟁을 기록하는 국가의 서사와 그 서사에 꼭 들어맞지 않는 개인의 경험들 사이의 괴리를 발견했다. 전쟁을 공부하는 이유는 결국 그 폭력을 반복하지 않고 평화를 찾아가기 위함일 것인데, 그건 대체 어떤 방식을 통해서 가능할지 궁금해졌다. 국가와는 다른 방식으로 전쟁을 기록한다면, 즉 전쟁을 경험한 사람, 동물, 숲, 장소를 비롯한 존재들의 구체적인 이야기를 찾아내 알린다면, 그 행위가 평화를 말하는 것으로 연결될 수 있을까? 그렇게 다소 거창한 질문을 가지고 평화박물관이라 이름 붙여진 곳들을 살펴보러 일본으로 날아갔다.

목적은 그랬지만, 사실상 이 여행은 '경계인'의 흔적을 찾아다니는 모험이 되었다. 전후 일본이 국민국가로 변모하는 과정에서 일어나는 포섭과 배제 사이에서 '일본인이면서 일본인이 아닌 타자'인 오키나와인, 조선인, 대만인, 아이누 등은 경계화되고 비가시화되었다.[1] 기록에서 배제된 이들의 존재를 발견하며 진실의 일부들을 훔쳐보는 여정의 끝에 홋카이도가 있었다.

홋카이도로 향한 목적 중 하나는 니부타니시 산속 어딘가에서 열렸던 아이누모시리 일만년축제에 참여하기 위해서였다. 홋카이도가 일본이라는 국가의 영토로 귀속되기 전부터 그 땅에는 선주민인 아이누 사람들이 살고 있었다. 수렵 채집 생활을 하고 자신들만의 언어와 문화, 신화를 가지고 있던 아이누 사람들의 삶은 일본의 근대화와 전쟁 확산 과정 속에서 침략되었다.

[1] 오구마 에이지, 전성곤 옮김, 『국민의 경계』(소명출판, 2023).

아이누 사람들은 열등하다고 여겨지며 차별받았으며 일본인으로의 동화 사업 속에서 고유한 특성들을 지켜 나가기 어려운 상황 속에 놓였다. 지금까지도 일본 사회 안에서 취업에서 차별을 받고, 아이누임을 숨기고 사는 사람도 많다고 한다. 축제에 참여하기 전 아이누 문화를 알아보러 찾아간 우포포이 아이누민족박물관이나 아칸호 마을의 전시 방향에서는 아이누 문화를 관광상품화 하거나 일본 사회의 다양성을 강조하는데 아이누 민족을 앞세우는 듯한 뉘앙스가 느껴졌다.

이러한 상황 속에서 축제는 어떤 형식으로 어떻게 열리고 있을까? '아이누모시리(アイヌモシリ)'는 사람(아이누)이 사는 땅이라는 의미를 가지고 있다. 국가가 부여한 홋카이도라는 명칭에서 벗어나 사람이 사는 땅에서 다시 모이는 것이다. 작년 축제는 일주일 정도 산중턱에서 열렸다. 아이누 사람들, 오키나와 사람들, 재일조선인들 같은 일본 사회 내 마이너리티들과 히피들이 모여 계곡 근처에 텐트를 치고 머무르며 먹거리도 만들어 먹고, 수공예품을 팔고, 공연을 즐겼다. 축제 마지막 날에는 아이누 민족의 마지막 남은 여성 샤먼인 아시리 레라의 기도 의식이 있었다.

나와 일행은 주변 사람들 건너 건너 이러한 축제가 있다는 소식을 듣고는 2박 3일 정도 참여해 보자고 이야기를 나누었다. 찾아가기 전까지는 대체 축제가 어떻게 진행된다는 것인지 알기 어려웠다. 손으로 쓴 듯한 포스터 이미지 한 장과 축제를 소개해 준 이들의 짤막한 설명이 정보의 전부였기 때문이다. 축제에 참여하러 가는 아이누 아저씨의 차를 얻어 타고 축제 장소까지 갔다. 축제에 나와 일행을 초대하고 연결시켜 주었던 세키와 상의 지인인 그분은 흔쾌히 차 뒷좌석을 내주었다. 구불구불 산길을 따라 축제 장소로 향하며 띄엄띄엄 통하는 영어와 일본어 그리고 번역기를 이용해 대화를 나누었는데, 그분은 홋카이도 산속에서 곰을 본 적이 있다는 일화를 들려주었다. 매년 이 축제에 참여하고 있으며, 아이누어로 감사합니다가 '이라이라이케레'라는 사실도 알려 주었다. 이동에는 20분 정도밖에 걸리지 않았지만 낯선 즐거움과 만나게 되리라는 기대감을 불러일으키기에는 충분한 시간이었다.

　　아이누모시리 축제는 주최자가 따로 없었고 진행 스태프가 정해져 있는 것도 아니었다. 표를 끊고 입장하는 것도 아니고, 공연 순서도 정해진 바 없었으며, 원하는 날 왔다가 떠나고 싶은 날 떠나면 되는 들고남이 자유로운 곳이었다. 프로그램 일정도 존재하지 않으며, 시작되기 한 달 전까지 제사를 지낼 날을 점치느라 확정된 날짜가 나오지도 않았다. 그야말로 '경계'가 없었다. 여기까지 쓰고 보니 읽는 사람 입장에서는 대체 아무것도 없이 무엇이 가능하다는 건지 의문이 들지도 모르겠다. 하지만 이렇게 아무것도 정해져 있지 않아도 축제 장소 한가운데 있는 모닥불은 일주일 내내 활활 타고 있었다. 마지막 날 기도 의식을 치르기 위해서 일주일 동안 모닥불을 꺼뜨리지 않고 유지해야 했는데 그 일을 담당하는 사람이 따로 정해져 있지 않았다. 여유가 나는 사람들이 장작을 집어넣고 불침번을 섰다. 오히려 규칙과 틀이 없어서 사람들은 각자 하고 싶은 것들을 언제든, 무엇이든 할 수 있었다.

마을축제를 경험하며 이미 축제에서 뭐 하나 해 보는 것에 익숙해진 나와 친구들은 일만년축제에서도 부침개를 부쳐다 저렴하게 팔기로 했다. 스토브와 장작을 가져다 불을 피웠다. 산으로 들어오기 전에 시내에서 사온 채소를 다듬어 부침개를 부쳐다 '캉코쿠노 지지미(韓国のチジミ)'라고 팻말을 만들어 한 장당 200엔 받고

팔았다. 그렇게 번 돈으로 다른 사람들이 만들어 준 음식을 사 먹었다. 하루는 참여자 중 한 명이 한국에서 왔으니 공연을 한번 해 보라고 하여 갑작스레 무대에 올라가 몸짓 공연을 하기도 했다. 그런 갑작스러움이 반가웠다. 나는 사실 춤을 추고 무대에 오르는 것을 그리 즐기지 않을 때가 더 많지만, 그곳에서라면 선뜻 마음을 낼 수 있었다. 분위기를 띄우기 위해서, 순서상 필요해서가 아니라 나와 일행에게 보여 준 환대의 마음에 즐겁게 응답하는 공연이었다. 연대 현장에서 자주 선보였던 「우리 하나 되어」와 「항해」라는 민중가요에 맞추어 춤을 추었다.

어쩌면 사람들은 일상 속에서 규칙과 틀이 만들어 준 경계 안에서 너무나 익숙하게 살고 있었는지도 모른다. 그 밖으로 벗어나는 건 불안한 일이다. 사회적으로 규정된 '국민'이나 '정상인'의 경계 너머 타자들, 그 낯선 존재들에게 더 쉽게 두려움을 품게 되듯이 말이다. 하지만 그런 정해진 것들이 없을 때 우리는 자유롭게 서로를 환대할 수 있지 않을까.

아이누모시리에서 펼쳐진 축제라는 시공간에서는 누구든 자기 자신으로 존재할 수 있었다. 기존에는 독립된 왕국이었으나 일본 본국에 의해 점령된 역사가 있는 오키나와에서 온 사람이 무대에 올라 오키나와 전통 악기인 산신을 연주했고, 아이누 어린이들은 아이누 민족의 노래를 불렀다. 입에 물고 줄을 튕기어 특색 있는 소리를 내는 아이누 전통 악기 연주 공연도 있었다. 재일조선인 가수 박보가 무대에 올라서 공연을 펼쳤다. 장애가 있거나 고령의 나이로 움직임이 어려운 사람들은 무대가 잘 보이는 그늘막 아래 누워 있었다. 누군가들은 자연스럽게 돌봄의 역할을 자처하며, 축제를 위해 일부러 일을 하지 않아도 참여하는 구조가 생겨났다.

　나와 일행은 각자의 방식으로 느슨하게, 또는 조금 더 적극적으로 축제에 결합했다. 낯선 환경과 존재는 타인인 내가 기존에 가지고 있던 정보만으로는 다 알 수 없는 예측 불가능성을 가지고 있다. 다가가는 방식은 모두 다 다를 것이다. 분명한 점은 축제는 어떠한 의무도 없는 장소이자 환대의 공간이기에, 각자의 방식이 어떠하든 문제가 되지 않는다는 것이다. 나는 산에서 텐트를 치고 야영하고, 계곡에서 씻고, 흙바닥에 털썩 주저앉아 처음 보는 사람들과 고구마를 같이 구워 먹는 것을 재미있어하는 사람이라서 조금 더 활동적으로 돌아다녔다. 하지만 그런 일에 익숙하지 않다면 한 발짝 떨어져 있어도 괜찮았다. 내가 계곡에 내려가서 접시를 닦아 오면, 일행 중 누군가는 그 접시에 부침개를 담아 나눠 주러 가면 되었다.

나는 가능한 만큼 역할을 맡아 '우리'가 하고 싶은 것들을 펼치며, '우리'에 얽매이지 않아도 괜찮은 상태로 축제에 함께했다. 이 축제의 시공간이 나의 안으로 자연스럽게 흘러들어 왔다. 너도 나도 다양한 방식으로 존재할 수 있으며, '이래야 한다'에서 벗어나 '그래도 되는'으로 나아갔다. 수용력이 넓어짐을 느꼈다. 연대한다는 말은 아무도 하지 않았지만 일본 각지에서 이 산속까지 사람들이 모여든 이유를 알 것만 같았다. 사회적 경계, 선을 넘나드는 것이 자연스러웠다. 그래서 선뜻 모닥불을 지키고, 요리를 하고, 공연에 나섰다.

아쉽게도 축제의 마지막 날이 되기 하루 전, 그러니까 기도 의식을 하기 하루 전에 한국으로 돌아와야 했다. 기도 의식을 직접 보지는 못했지만 그 의미를 들어 볼 수는 있었다. 비로소 아이누모시리 축제의 이름이 일만년축제인 이유를 알게 되었다. 1만 년 전에는 모두가 평등했으며 차별도 착취도 없었기에, 그때의 정신으로 살아가자는 뜻을 담아 모든 생명들의 평화와 안식을 비는 것이라고 했다.

현재를 살아가는 사람들이 잃어버린 것은 무엇일까? 마치 성미산 개발 과정에서 나무들이 잘려 나가며 그곳을 삶터로 삼던 생명들이 집을 잃고 마을 사람들이 기억이 담긴 장소를 잃어버린 것처럼 말이다. 아이누 사람들, 오키나와 사람들, 재일조선인들, 장애인들, 또 사회가 요구하는 어떠한 조건에 부합하지 않거나 남들과 '다른' 사람들 모두는 삶에서 당연히 누려야 할 무언가를 빼앗기거나 차별받은 경험이 있을 것이다. 이들은 어쩌면 기후위기와 멸종의 시대, 타자를 두려워하고 혐오하는 시대가 잃어버린 것이 무엇인지 가장 잘 알고 느끼는 사람들 아닐까.

하지만 그들이 만들어 낸 축제는 사라진 것들의 빈자리를 바라보며 슬퍼하는 곳이 아니다. 내가 경험한 아이누모시리 일만년축제는 오히려 즐겁게 서로를 환대하며 우리가 잃어버린 것을 지금, 이곳에 모인 우리에게로 다시 끌어오는 장소에 가까웠다. 다른 것에 대한 두려움 너머를 경험하면서, 이 시대의 고통과 슬픔을 함께 애도하면서 말이다.

어린이 축제와 숲 체험

정용진

정윤영 기록하는 일을 한다. 주로 빼앗기고 쫓겨나고 먹히거나 팔리고 처분당하는 존재들, 그래서 제 명대로 살지 못하는 동물들의 삶과 죽음을 들여다보는 데 관심이 많다.

축제란 [함께 살아가는 감각을 느끼는 순간]이다.

"나는 어린이 축제에서 어린이가
말 위에 올라타 총을 쏘는 시늉을 하며
즐거워하는 모습이 이상했다.
그 모습을 아무도 이상하게
여기지 않는 게 불편했다."

2025년 5월 영등포 어린이 축제 홍보 포스터에 눈길이 간 것은 어린이 축제에서 하는 '승마 체험' 문구 때문이었다. 승마 체험은 축제에서 가장 핵심이 되는 행사처럼 보였다. 홍보 포스터는 말을 주인공으로 한 디자인에 배경도 승마하는 그림이었다. '한국마사회와 함께하는 도심공원 승마 체험'은 공원 특별마당에서 진행된다고 했다.

축제에 빠지지 않는 세 가지가 풍선과 불꽃 그리고 동물 체험이다. 그리고 그것들은 내가 더 이상 축제에 가지 않게 된 이유였다. 풍선을 날릴 때는 물톤 예쁘다. 파란 하늘에 무지개색 풍선이 둥둥 떠다니는 풍경은 언제 봐도 동화 같았다. 하지만 그 풍선이 바람을 타고 날아다니다 작은 동물들의 목에 걸리고, 어류들의 입으로 들어간다는 사실을 알고도 풍선을 날릴 수는 없었다. 하늘에 형형색색 수놓은 불꽃은 다시 보니 폭발이었고 폭탄이었다. 그 소음과 탄피에 죽어 나가는 생명이 있다는 것을, 그 굉음에 전쟁의 기억을 떠올리며 괴로워하는 사람이 있다는 걸 알고도 축제라고 부를 수는 없었다.[1]

동물 체험도 마찬가지다. 동물들은 원하지 않는 곳에 굴레와 재갈을 물린 채 와야만 한다. 축제가 끝날 때까지 울타리 밖으로 나갈 수 없다. 내가 아는 영등포 공원은 말이 달릴 만한 곳이 아닌데 그 좁은 공간 어디에서 말을 탄다는 것일까. 도심공원까지는 또 어떻게 왔을까. 승마 체험이 어떻게 이루어지고 있는지, 말들이 어떻게 있는지 두 눈으로 보고 싶었다.

---

[1] 「사람이 좋아서 불꽃축제 하는데 동물 눈치까지 봐야 돼?」, 《한국일보》, 2024년 10월 8일.

어린이의 말
말의 45분

축제는 오전 10시 30분부터 오후 5시까지였다. 오후 12시 공원에 도착했을 때 승마 체험은 시작한 지 이미 한 시간이 지나 있었다. 공원 잔디밭 한쪽에 둘러진 하얀 울타리 안을 작은 말 세 마리가 사람들을 태우고 돌았다. 울타리 바로 앞 접수를 하는 천막에는 체험을 하기 위해 선 줄이 꽤 길었다. 천막 옆의 작은 울타리 안에서는 작은 갈색 말 한 마리가 건초를 먹고 있었다. 공원에는 음악 소리가 크게 울렸다. 영등포역을 지나는 전철의 굉음과 신난 사람들의 고함소리가 주기적으로 들려왔다.

"와! 진짜 말이다!"

지나가는 사람들은 말을 보고 놀라고 신기해했다. 말을 타겠느냐는 어른들의 물음에 대부분의 아이들은 그러겠다고 했다. 부모님 중 한 명이 긴 줄의 한 명이 되었다.

말에 올라탄 아이와 사진을 찍는 부모들은 활짝 웃

고 있다. 아이들은 손으로 브이 자를 만들고 부모님이 들고 있는 휴대폰 카메라를 향해 크게 웃었다. 아이는 더없이 즐거워 보이고 아이의 웃는 얼굴을 마주한 부모는 더할 나위 없이 행복해 보인다.

말은 내가 봐 왔던 얼굴이, 내가 아는 털이 아니었다. 나는 한국에 있는 생추어리를 취재하고 기록한 책 『동물의 자리』를 쓰는 동안 제주 곶자왈 말 생추어리 마레숲에서 40만 평이 넘는 숲을 매일 달리는 말들을 만났다.[2] 생추어리는 산업동물, 그러니까 경제적 가치를 만드는 동물로 인간을 위해 길들여진 축산 피해 동물들이 구조되어 살아가는 일종의 안식처, 보호구역 같은 공간이다. 마레숲의 말들은 경주마로 평생 달리다 이용 가치가 떨어져 죽임을 당하기 직전에 살아남은 말들이었다. 경주에 이용되지 않고 싱그러운 생초를 먹으며 자신이 원할 때 달리는 생추어리 말들은 털에 윤기가 흐르고, 긴 갈기가 바람이 불 때마다 바스락거리며 흩날렸다. 말들은 두 눈을 감고 네 다리를 모두 뻗고 누워 잠을 자거나, 나뭇가지에 매달린 싱그러운 나뭇잎을 뜯어 먹

[2] 김다은, 정윤영, 신선영, 『동물의 자리』(돌고래, 2024).

거나 끝도 없는 풀밭을 갈기를 휘날리며 달렸다.

영등포공원에서 승마 체험을 하는 말들은 울타리를 따라 작은 원을 돌고 또 돌았다. 직원으로 보이는 사람 두 명이 말의 고삐를 꽉 쥐어 잡고 말들을 이끌고, 사람들이 사진을 찍는 쪽으로 방향을 틀기도 했다. 말들은 모두 고개를 푹 숙인 채 고삐가 당기는 쪽으로 가야 했다. 갈색 말 두 마리는 가끔 고개를 쳐들고는 얼굴을 좌우로 움직였다. 움직이는 고개와 함께 말의 발걸음도 좌우로 흔들렸다.

말들은 45분 동안 쉬지 않고 울타리를 돌았다. 말 세 마리가 작은 울타리를 세 바퀴 돌면 체험은 끝이 난다. 세 바퀴를 도는 데는 1분이 채 걸리지 않는다. 45분 동안 69명 어린이가 승마 체험을 했다. 말 한 마리씩 23명의 어린이를 안장에 태웠고, 45분 동안 울타리 69바퀴를 돌았다. 울타리를 도는 동안에도, 잠깐 멈춰서 사람을 태우고 내리는 동안에도 갈색 말들은 재갈이 불편한지 계속 입을 씰룩거리고, 고개를 위로 쳐들며 흔들거렸다. 말의 고삐를 쥔 직원이 말을 타고 있는 어린이에게 말의 목덜미를 쓰다듬어 주라고 얘기한다. 아이들은 말의 갈기 위에 손을 올려놓기도 하고 쓰다듬기도 한다. 만족스러운 표정의 어린이들을 태운 말들은 여전히 고개를 숙이고 있었다.

    45분이 지나면 쉬는 시간이다. 15분 동안 말들은 건초를 먹고, 다른 말과 순서를 바꾸기도 한다. 건초는 색이 누렇고 물기 하나 없이 바짝 말라 있었다. 말들은 라이그라스 생초를 좋아하고, 나무에 달린 나뭇잎을 이빨로 뜯어 먹는 걸 좋아한다. 승마 체험을 하는 말들이 먹는 것은 지푸라기에 가까워 보였다. 12시 45분쯤 쉴 차례가 된 하얀색 말이 작은 울타리로 이동했다. 안장을 벗기자 갈비뼈가 훤하게 드러나고, 엉덩이에는 하트 모양으로 털을 민 흔적이 고스란히 보였다.

    울타리 옆에는 '도심에서 즐기는 특별한 승마 체험'이라고 적힌 포토존이 있었다. 커다란 말 인형 두 개 위에 권총 모양의 장난감이 놓여 있었다. 아이들은 인형 위에 올라타 한 손으로는 고삐를 쥐고, 또 다른 손으로 권총을 집어 들고는 카메라를 향해 총을 쏘는 시늉을 하며 사진을 찍었다.

축제와 동물 복지

어쩌다가 영등포 어린이 축제에 말이 오게 됐을까? 프로그램은 한국마사회에서 주최했지만, 이곳에 오는 말들은 마사회와 용역 계약을 맺은 업체를 통해 온다. 마사회 홍보팀 관계자는 전화 인터뷰에서 체험 프로그램을 위한 관리 인력이 부족하기 때문이라고 했다.

용역 업체는 전국 곳곳의 승마 업체에서 퇴역한 경주마 한 마리를 포함해 '컨디션'이 좋은 말들을 고른다. 승용을 위해 태어난 체구가 작고 성격이 온순한 말들과 작아서 탈 수 없거나 힘이 약한 관상마들, 보기에 '예쁜' 말들이 좋은 말이라고 했다. 사람을 태우기 위해 평소에도 순치 훈련과 기승 훈련을 받아 온 말들은 체험 당일 진동을 최소화한 트럭을 타고 행사장으로 이동한다.

말의 목덜미를 쓰다듬는 아이들의 손길에서 애정이 느껴졌다. 아마도 승마 체험을 한 아이들은 축제에서 말을 탄 게 좋은 기억으로 남아 있을 것이다. 어쩌면 승마를 배워 보겠다고 부모님을 조를지도 모른다. 말 산업 홍보 부스에서는 '승마입문 챌린지'라며 도심 승마 패키지 구매를 홍보하고 있었다. 도심 승마 체험은 한국마사회와 농림축산식품부가 함께 기획한 행사로, 승마의 대중화와 말산업 확장을 목표로 한다고 했다. 2024년 처음 시작한 도심 승마 체험에는 1만 명이 넘는 사람들이 참여했다.

1분간의 승마 체험이 끝나면 이게 다냐고, 이게 끝이냐고 물어보는 사람이 많았다. 체험 부스 앞에 줄을 서서 말이 도는 동안 몇십 분을 지켜본 사람들이었다. 말을 타기 위해 오래 기다린 어린이에게 1분은 짧은 시간이었을 것이다. 하지만 말들에게 45분은 결코 짧지 않아 보였다. 승마 체험을 한 사람들 중 말의 기분을 살피거나 말의 상태를 묻는 이는 없었다.

체험 부스 안내문에는 체중 75킬로그램 이하만 말을 탈 수 있고, 동물의 복지를 고려해 45분 운영 후 15분 휴식한다고 적혀 있었다. 운영시간은 오전 11시부터 오후 5시까지. 총 여섯 시간이었다. 이 여섯 시간도 동물의 복지를 고려한 것인지, 축제와 체험이 동물 복지와 상관이 있는지 묻고 싶었다. 동물의 복지라는 게 무엇일까? '동물 복지'는 마트 진열대에서도 볼 수 있는 흔한 말이 되었지만, 종종 기만이라는 생각을 떨칠 수가 없다. 인간의 체험과 축제를 위해 재갈을 물고 훈련해야 하는 말의 삶이 '행복한 삶'이라고 할 수 있을까? 그래도 15분 휴식 시간이 없는 것보다는 나으니까 복지라고 할 수 있을까? 인간과 동물이 지금껏 맺어 왔던 방식과는 다른 관계가 필요하다는 목소리가 커지는 지금, 답은 어려웠다.

풍선, 불꽃, 동물 체험 대신

나는 어린이 축제에서 어린이가 말 위에 올라타 총을 쏘는 시늉을 하며 즐거워하는 모습이 이상했다. 그 모습을 아무도 이상하게 여기지 않는 게 불편했다. 남는 거라곤 쓰레기와 수백, 수천 장의 사진들. 놀이가 아니라 구경하고 소비하는 공간, 같이 모여 놀 친구는 없고 내 앞에 몰리는 인파만 있는 축제. 풍선과 불꽃, 동물 체험이 없으면 축제는 불가능한 걸까? 동물은 우리 마음대로 만지고 사진 찍기 위해 있는 존재가 아니라는 것을, 동물은 체험하는 대상이 아니라는 것을 배우는 축제는 없을까?

연극 「유령들의 대화: 축제」(바람컴퍼니, 2025)에는 축제에 이용되고 죽은 동물들이 등장한다. 맹꽁이 없는 맹꽁이 축제의 맹꽁이와 바다를 꿈꾸는 산천어와 함평

나비축제의 나비, 불꽃축제에 희생된 캐나다 기러기는 "축제가 뭘까?" 묻는다. 캐나다 기러기에게 축제는 "친구들의 응원하는 목소리가 가득"한 곳. 맹꽁이에게 축제는 "다시 노래할 수 있는 여름밤"이다.

축제에서 목소리 내지 못하는 동물들을 생각하며 다시 생추어리의 말들을 떠올려 본다. 죽지 않고 살아남은 말들이 모래놀이를 하고 풀밭을 마음껏 달린다. 재갈도 안장도 없다. 안장이 없어도 말을 탈 수 있다고 했다. 물론 말이 자신의 등을 허락한 사람만이다. 제주 마레숲 생추어리에 갈 때마다 사람에게 먼저 다가오는 말들이 있었다. 코를 벌름거리며 냄새를 맡고 옷을 잡아당기며 관심을 끈다. 쓰다듬어 달라고 얼굴을 들이민다. 가까이 마주한 얼굴, 말의 커다란 눈동자 안에 나의 얼굴이 보이고, 말의 숨결이 내 피부에 와닿는다.

말들은 하고 싶지 않은 것은 하지 않으며 하루를 보내고, 사람들은 그 곁에서 "자연에서 노는 법"[3]을 배운다. 말들은 그곳에 있고, 사람들은 다른 존재를 마주하며 즐거워했다. 인간과 동물이 만나 우리가 되는

---

[3] 앞의 책, 216쪽.

시간이었다. 굳이 뭔가를 하지 않아도 사람들은 그냥 말이 살아 있는 게, 같이 있는 게 좋았다. 함께 살아가는 존재라는 감각이 깊이 새겨진 순간을 오래 그리워할 게 분명했다.

동물체험, 풍선과 불꽃이 없고, 일회용 쓰레기가 없는 축제에 가 본 적이 있다. 매년 열리는 비건 페스티벌과 2018년에 열렸던 동물축제 반대축제(동축반축)였다. 비건 축제에 모인 사람들은 집에서 그릇을 가져와 음식을 담아 먹었다. 용기를 잊은 사람들은 식기를 빌려 쓰고, 수돗가에서 씻어 썼다. 쓰레기를 만들지 않는 제로웨이스트 용품들이 공간을 채웠다. 설거지를 하는 축제라니, 어딘가 낯선 풍경이었지만 축제를 즐기는 사람들 모습에 덩달아 기분이 좋았다.

동물축제 반대축제는 이름 그대로 울산 고래 축제와 화천 산천어 축제, 함평 나비축제 같은 동물축제를 반대하는 축제였다. 이 축제에는 동물을 만지고, 껴안고, 먹이를 주는 체험이 없었다. 대신 산천어와 나비가, 고래와 낙지가 사람들에게 끊임없이 말을 건넨다. 나비가 어디에서 왔는지, 산천어의 일생은 어떠한지를 듣고 고래의 웅장한 노랫소리를 듣고 나면, 맨손잡기 체험에 이용되고 고기로 팔리는 삶이 아니라 그들이 원래 누렸어야 할 삶을 상상하게 된다. 상상만으로 그들이 오래오래 살기를 바라게 되고, 그런 바람만으로 고래와 나비, 산천어와 낙지와 한껏 가까워지는 것을 느낀다.

폭죽 터지는 소리 대신 바람에 나뭇잎이 흔들리는 소리와 고래의 노랫소리가 들리는 축제. 폭탄이 터지듯 굉음을 내며 번쩍이는 불꽃 대신 푸른 하늘과 하얀 구름, 초록 나무에 닿은 햇살이 눈부시게 반짝였다. 쓰레기가 없는 축제였고, 아무도 죽이지 않는 축제였다.

동물의 삶을 상상하며 나의 1분과 말의 45분을 헤아릴 줄 아는 체험, 어린이가 어린이로 존중받고 말과 고래가, 산천어와 나비가 그 존재만으로 존중받는 경험, 그래서 인간도 동물도 이 순간을 함께 살아가고 있다는 것을 가슴 뻐근하게 느끼는 시간. 그게 놀이가 되고 서로의 기쁨이 되는 축제를 기다린다.

한글로

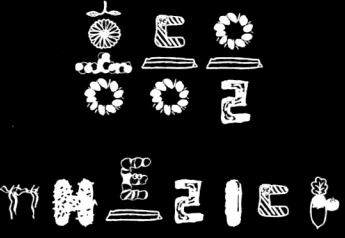

가나다

김경은   부산에서 태어나 서울에서 대부분의 시간을 보냈다. 서울대 국어국문학과에서 「이광수 소설에 나타난 불안의 기제 연구」로 박사학위를 받았다. 주요 논문으로는 「『무정』 읽기: 영채의 경험담을 중심으로」, 「이광수의 「개척자」론: 청년들의 착각을 중심으로」 등이 있고, 공저로 『횡보, 분단을 가로지르다』(2022)를 출간했다. 한국 근대소설에 나타난 '불안'의 의미를 명제화하는 작업과 대중과 폭력 그리고 문학의 관계에 관심을 갖고 공부하고 있다. 경기대, 한신대, 서울대 등에서 글쓰기와 문예 비평 강의를 했으며 서울대학교에서 글쓰기 강의를 맡고 있다.

축제란 [상상도 못한 미래를 만들어 내는 시작점]이다.

"누적된 고통의 까닭을 묻고
외부의 도움 없이 즉각적인 결심으로
시작한 저항은 주체가 되었다는 흥분,
축제와 같은 연대감 그리고 망외(**望外**)로
미래에 관한 설렘을 얻게 된다."

광장이나 골목, 거리에 사람들이 모인다. 무언가를 기념하거나 축하하거나 지켜보기 위해 혹은 누군가의 목소리를 듣기 위해 모여들고 직접 말하기 위해 무리를 만들어 모인다. 축하할 일이 있거나 뭔가를 들으려고 모일 때 사람은 많을수록 좋다. 골목과 거리에 사람이 많으면 무엇이 이렇게 사람을 모여들게 했는가 궁금해지고, 뭔가 나누고 짊어져야 하더라도 모여서 하게 될 일에 흥성거리게 된다.

한국에서는 광장과 거리, 골목이 대중의 주요한 발언대로 사용되었다. 무수히 많은 사건들이 일어나는 골목과 광장, 거리는 구획된 곳인 동시에 연결을 위해 만들어진 공간이다. 공간은 사회적인 실천을 통해서 생성

된다.[1] 골목과 광장, 거리에서 연결되기 위한 노력이 우리를 구성한다. 지금으로부터 100여 년 전, 좁은 골목에 사람들을 불러 모아 축제와도 같은 순간을 만들어 낸 사람들의 이야기를 소개하고 싶다. 작고 어설픈 목소리로 문제적 현실을 고발한 언어가 텅 빈 골목을 채우고 더 나아가 깃발이 된 이야기다.

「깨트러지는 홍등」

누구의 입에선지 이런 탄식이 새어 나왔다.

"우리가 왜 이렇게 고생을 하는가."

말할 기맥조차 없는 듯이 모두 잠자코 있는 가운데에 봉선이라는 좀 나 어린 창기가 뛰어 나서며 말하였다.

"너나 내가 팔자가 기박해서 그렇지 않느냐."

무엇을 생각하는지 한참이나 잠자코 있던 부영이라는 나 찬 창기가 이 말에 찬동하지 못하겠다는 듯이 항의를 하였다.

"팔자가 다 무어냐. (중략) 이렇게 많은 사람이 왜 모

---

[1] 마르쿠스 슈뢰르, 정인모·배정희 옮김, 『공간, 장소, 경계』(에코리브르, 2010), 13쪽 참조.

두 그런 기박한 팔자만 타고 났겠니."

"그것이 다 팔자 탓이 아니냐."

"아무리 생각해도 나는 팔자 밖에 우리를 요렇게 만들어 놓은 무엇이 있는 것 같더라."[2]

이효석의 단편 소설 「깨트려지는 홍등」의 도입부다. 가난을 견디지 못한 가족에 의해 유곽에 넘겨진 여성들이 끝나지 않을 고생을 토로한다. 누구는 그 고생의 원인이 팔자 때문이라고 말하고 또 다른 누구는 분명 다른 이유가 있을 것이라고 말한다.

1920~1930년대 한국 소설에서 유곽은 대개 지식인 남성들이 무료할 때 널브러져 있는 곳이다. 유곽에서 일하는 여성들은 뱃놀이나 소풍 등에 초대되어 술을 따르거나 노래를 부르는 역할로 등장한다. 대부분 이름을 부여받지 못하고 어떤 것에 관해서든 발언하는 모습을 찾아보기 어렵다. "기생끼고 산보나온 젊은 풍류객들"[3]

[2] 이효석, 「깨트려지는 홍등」, 《대중공론》, 1930년 4월; 『이효석 전집 1』(창미사, 2003), 116~117쪽. 이하 「깨트려지는 홍등」 직접 인용은 쪽수로만 표시한다.
[3] 주요섭, 「첫사랑값」, 《조선문단》, 1925년 8월에서 1927년 3월까지 5회에 걸쳐 연재.

의 놀이 친구에 불과하게 그려질 뿐이다. 그런 중에 이효석은 유곽의 창녀들에게 이름과 목소리를 준다. 눈길을 끌지 않을 수 없다.

「메밀꽃 필 무렵」으로 널리 알려진 소설가 이효석(1907~1942년)은 욕망, 노동, 월경(越境), 자연과 같은 주제를 미시적으로 풀어낸 작가다. 1928년 「도시와 유령」을 발표하며 작품 활동을 시작한 이효석은 흔히 토속적인 공간, 이국적인 정서 그리고 세련된 미감을 지닌 작가로 설명된다. 그런데 이효석은 인간의 현실을 구성하는 복잡하고 첨예한 문제, 가령 계급, 인종, 폭력의 문제를 정밀하게 재현한 작가이기도 하다. 「깨트려지는 홍등」을 비롯해 기존의 소설 연구에서 제대로 조명받지 못한 이효석의 작품들은 일관된 하나의 경향을 추구하지 않고 이분법적 구도를 지양한다고 볼 수 있는데, 그래서인지 2025년인 지금 읽어도 현대적인 작품으로 다가온다.

비로소 던진 질문

1910년대 후반부터 1940년대 후반까지 서울에 사무소를 둔 기생조합인 권번이 운영되었다.[4] 조합에 속한 기생들은 가무를 익히고 권번에서 기획한 창작 공연을 하는 등 자신들의 이익을 도모하고 있었다. 기생조합은 고리대금업 회사나 일본인 자본가 혹은 요리점을 운영하는 사업가에게 조합의 운영권이 넘어가고 공연예술의 역량이 감소되는 등 환경이 점차 악화되었다. 그럼에도 조합에 속한 기생들은 이익과 권리를 보장받고 부당한 처우나 사적인 폭력에 대응할 수 있었다. 한편 권번에 속하지 못한 창기들은 유곽을 운영하는 개인 사업자들의 부당한 사적 거래를 통해 장기 계약에 묶여 있었다. 그래서일까, 유곽의 창기들은 무시당하고 빼앗기는 일이 다반사였다.

봉학루에서 일하는 봉선, 부영 등은 주인에게 강제로 팔려 왔기 때문에 일을 한 대가를 제대로 받기는커녕 아파도 약을 먹지 못한다. 그러던 어느 날, 그들은 사라질 기미가 보이지 않는 고통에 비로소 질문을 던지게 된다. 가족으로부터 버림받거나 형제를 잃고 유곽이라는 막다른 곳에 내몰린 그들에게 "우리가 왜 이렇게 고

---

[4] 대정권번(1913~1929년), 대동권번(1918년), 한성권번(1918~1947년) 등이 알려져 있다.

생을 하는가."라는 탄식은 입 밖으로 꺼내기 두려운 성질의 것이다. 그럴듯한 대답을 찾기 어려워 결국엔 내 탓으로 돌려질 것이 분명하고, 탄식은 탄식에 불과해서 다른 무엇을 기대하거나 기다리지 않는 것이 보통이기 때문이다.

그런데 이날은 나이가 많은 축에 속하는 부영이 "아무리 생각해도 나는 팔자 밖에 우리를 요렇게 만들어 놓은 무엇이 있는 것 같더라"라며 그동안 한 번도 내색하지 않았던 생각을 털어놓는다. 부영은 "팔자가 기박해서"라는 봉선의 말에 항의하듯 말을 하긴 했지만 지독한 고생을 줄이거나 조금 더 나은 조건에서 일하도록 할 뾰족한 방법이 있지는 않았다. 다만 팔자나 운명이 아니라 다른 무언가가 있어야 하지 않을까 하는 어렴풋한 생각을 말했을 뿐이다.

이에 부영의 동료들이 부영의 말에 동의를 표하기 시작한다. 이어지는 대목에서 채봉과 봉선, 명자는 "세상이 우리를 기구하게 맨들었"다는 말에 놀라움을 드러내고 "울지 말고 우리 한번 해 보자"는 부영의 말에 "해 보다니 어떻게 한단 말이냐"며 "눈물 어린 얼굴들"로 부영을 바라본다.(119쪽) 팔자와 운명 탓이라며 탄식하던 이들이 뾰족한 수도 없는 동료 부영의 말을 "차차 알아"듣고 "두 손을 들고 기쁨에 넘쳐" 옳지, 그렇지를 외친다. 이렇게 그들은 누락되거나 잃어버린 일상을 복원하기 위해 서로의 내일에 관심을 갖기 시작한다.

    누군가는 즉흥적으로 보이는 이들의 즉각적인 결심이 유의미한 결과를 만들 수 있을까 의아해할 수도 있을 것이다. 부당한 고통에 오래 노출된 봉학루의 사람들이 용기를 내어 폭력적인 현실에 문제를 제기하고 서로를 돌보기로 한 순간은 스스로 주인이 된 장면이라고 말할 수 있다. 다양한 곡절로 배제되어 밀려난 사람들에게 자신의 문제를 자신의 언어로 말하는 것이 쉬운 일이 아니다. 어디서도 인정받지 못한 채 생계를 유지하는 일에 내몰린 사람들은 현실의 참담함과 폭력적 상황을 모르지 않지만, 그들의 생각을 들어 줄 곳을 찾을 엄두도 내지 못한다. 조직되지 않은 다수로 존재하는 대중은 "통제되지 않는 물결"[5]에 불과하고 아무것도 책임지지 않는다는 이유로 오랜 시간 조명받지 못했다. 대중을 '움직이는 실체'이며 행위의 주체로 간주하기 시

---

[5]   세르주 모스코비치, 이상률 옮김, 『군중의 시대』(문예출판사, 1996), 124~127쪽 참조.

작한 지는 그리 오래되지 않았다.[6] 몇몇에 불과한 봉학루의 그들은 말할 것도 없다. 그러나 누적된 고통의 까닭을 묻고 외부의 도움 없이 즉각적인 결심으로 시작한 저항은 주체가 되었다는 흥분, 축제와 같은 연대감 그리고 망외(望外)로 미래에 관한 설렘을 얻게 된다. 위계 없는 연대를 경험한 자들은 결과에 연연하지 않고 함께 앞으로 나아간다. 봉학루의 그들이 현실에 대해 품게 된 의구심은 그렇게 싸움으로 이어진다.

지도자 없는 싸움

한국의 식민지 시기 소설에서 단편 「깨트려지는 홍등」은 배제되고 소외된 자들을 돕겠다며 외부의 누군가가 개입하지 않았다는 점에서 눈여겨볼 만한 작품이다. 봉선과 부영들은 그들 자신의 고통을 스스로 들춰내고, 잊고 있었던 정당한 대가를 요구하기로 한다. 그리고 그들이 그런 생각을 모으고 행동을 결심할 때 어떤 지도자도 따로 없었다.

[6] '대중' 이론의 역사와 최근 경향에 대해서는 군터 게바우어·스벤 뤼커, 염정용 옮김, 『새로운 대중의 탄생』(21세기북스, 2020)을 참조.

1920년대 후반부터 1930년대 중후반에 발표된 소설 중에 시내버스와 택시회사의 총파업, 어업회사, 고무공장 노동자와 신문사 인쇄공들의 파업 등을 주제로 다룬 소설들은 공통점이 있다.[7] 총파업이나 임금 투쟁은 쟁의를 주도하는 지도자가 노조원들을 교육시키고 노조에 가입하지 않은 노동자들을 설득하고 그 과정에서 쟁의의 정당성을 확보하는 등 노조의 힘을 키운다. 동시에 회사 측의 억압이나 노조 와해 작전에 대응할 공동의 전선을 만들고 전략을 짜는 등 일련의 투쟁 이론 학습과 실천을 통해 점진적이며 전면적으로 쟁의와 파업을 전개한다. 즉 쟁의를 주도하는 학습된 남성 노동자의 존재가 관습적이라 할 만큼 반복해서 등장한다. 리더를 중심으로 노동자들이 모여 조직력을 키우고 토론을 통해 만들어진 계획에 따라 쟁의를 하고 파업을 진행하는 것이 자못 당연하게 그려진다. 그러니까「깨트려지는 홍등」의 인물들로서는 짐작하거나 가늠하기

---

[7]「출범전후」(엄흥섭,《대중공론》, 1930. 3),「지옥탈출」(엄흥섭,《대중공론》, 1930. 7),「양돼지」(최인준,《신소설》(2), 1930. 1),「황금지옥」(이형월,《매일신보》, 1927. 6. 12.),「밤중에 거니는 자」(유진오,《동광》(19), 1931. 3) 등 다수의 작품이 있다.

어려운 조직력이다. 그런 리더 혹은 지식인은 부영과 봉선, 채봉과 명자가 일하는 봉학루에는 없다.

어떤 집단의 방향과 행동을 결정하고 구성원의 어리석음을 깨우쳐 주는 역할을 하는 지도자가 없는 싸움이란 그럴듯한 전망을 하기 어려운 무모한 싸움이 될 수도 있다. 그러나 봉화루의 그들은 어떠한 위계 없이 서로가 서로의 지도자로 연결되어 있다는 점에서 든든하고 흥분되는 싸움이 아닐 수 없다. 각자가 각자의 주인이 되어 대등하게 서로를 보충하는 싸움이란 흔히 볼 수 있는 일이 아니다. 부영은 동료들에게 주인과의 교섭권을 위임받아 "영업시간은 오후 6시~새벽 2시까지로 할 일, 낮 동안에는 외출을 마음대로 시킬 일, 한 달에 하루씩 놀릴 일, 처음 들어온 사람에게 매질하지 말 일, 앓을 때에는 낫도록 치료를 하여 줄 일"(120쪽) 등을 정리한 요구서를 작성한다. 그리고 요구를 받아 주지 않으면 일을 하지 않겠다는 문장을 추가하고 모두 서명하여 주인에게 전달한다. 부영이 동료들의 생각을 모아서 대신 작성한 요구서는 부영의 오빠가 공장에서 노동쟁의를 할 때, 말이 아니라 문서로 요구사항을 작성해 공장 사장과 담판을 지었다는 것을 오빠에게 들어서 알고 있었던 터라 이를 참고한 것이다.

부영이 동료들을 대신해서 문서를 쓴 것 그리고 부영 오빠의 경험을 참조한 것을 두고 부영을 봉학루의 지도자로 볼 수 있는 것 아니냐고 반문할 수도 있을 것이다. 부영과 봉선, 채봉과 명자들은 일방적으로 가르침이나 깨우침을 주는 관계가 아니라, 서로의 일상에 동등하게 관여하고 싸움의 어려움과 불안을 나누는 관계이므로 동료일 뿐이다. 이후 그들은 주인에게 회유와 협박을 받고 흔들리기도 하지만 '팔자를 탓하던' 막내 봉선이 마당에서 사람들을 향해 목소리를 높여 그들의 처지를 알리는 행동을 계기로 더 많이 결속하고 더 자주 연대하게 된다.

홍등을 깨트리고서

봉학루의 그들이 함께 생각을 나누고 서로를 바꾸기 위해 감행한 주인과의 싸움은 꿈쩍도 하지 않을 것처럼 보이는 현재의 일상과 질서에 균열을 낸다. 그리고 그 균열이 분열로 끝나는 것이 아니라 조화로운 삶과 상상도 못한 미래를 만들어 내는 시작점이 된다면 그것을 축제라고 불러도 되지 않을까.

봉선은 목소리를 높여 말하는 동안 눌러 왔던 분노가 터지고 고양된 몸은 떨려 얼결에 봉학루의 문에 부딪힌다. 봉선은 이곳이 봉학루임을 알려주는 문 위에 달린 붉은 등이야말로 분노의 대상이라는 듯 돌멩이를 던진다. 홍등이 깨지고 "집 앞은 순식간에 암흑으로 변"하는데 그 어둠을 신호로 지켜보던 사람들이 동요한다.(134쪽) "뎅그렁" 하는 소리와 함께 봉학루를 밝히던 빛이 사라져서 놀라지만, 사람들은 어두운 곳에 남겨져 있을 부영과 봉선, 채봉과 명자를 걱정하며 봉학루로 모여든다.

봉학루의 그들은 고통과 서러움을 함께 나누고, 아무도 알려 주지 않았고 그들조차 볼 생각도 안 하고 못했던 환호, 기대, 해방, 설렘, 희망 등을 봉학루의 홍등을 깨면서 경험하게 된다.

이효석의 소설들은 현실의 우리가 주목해야 할 문제들을 제시할 뿐 문제의 해결을 다루지는 않는다. 얼핏 소극적인 글쓰기라고 할 수도 있겠다. 그러나 무엇이 문제인지 정밀하게 보여 주는 것으로 문제의 해소에 근접하기도 한다는 것을 우리는 모르지 않는다. 단편 소설 「깨트려지는 홍등」도 그렇다. 봉학루의 여성들이 주인과의 싸움에서 이겼는지 졌는지 혹은 그들이 요구한 조건이 얼마나 받아들여졌는지 알 수 없다. 다만 작가는 사람들이 그들에게 지지를 보내는 듯 더디지만 상황이 달라지고 있음을 독자에게 알려 준다. 봉학루가 있는 골목에 모여들고, 길 건너 같은 일을 하는 동료들이 박수를 보내며 "요 아래 추월루에서도 했다드라"(135쪽)라는 말을 전한다. 다른 유곽에서도 싸움이 시작된 것이다. 이렇게 우리는 함께 의논하고 행동하는 과정에서 경험한 "생각하지도 못한 협력의 공(功)"(121쪽)을 알게 된 여럿의 주인공을 얻었다.

축제 같은
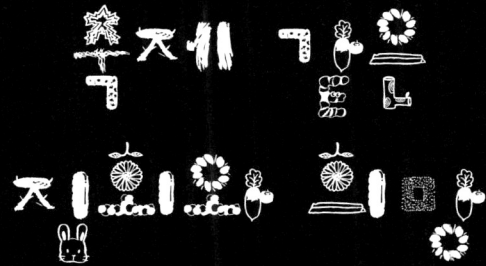지10와 희망

##

국명표　　　서울대 인류학과 박사과정에 재학 중이며 2022년 석사논문 「서비스로서의 게임과 유지보수의 정치: 마비노기 트럭시위의 성격에 관한 연구」를 썼다. 이후 온라인게임 이용자들이 벌이는 정치에 대한 관심을 군중과 민주주의의 관계에 대한 이론적 관심으로 확장·심화하고 있다. 최근 이 관심을 정리해 리뷰 논문 「군중의 '귀환'과 인류학」을 발표했다.

축제란 [새로운 가능성을 예감하는 순간]이다.

"탄핵 집회가 만들어 낸
새로운 미래를 향한 동력은 담론 속에서
어떤 삶을 살아가고 있는가?
담론들은 동력을 확장시키고 있는가,
아니면 단지 그때의 기억을
유토피아적 환상으로 저장해 두는 데
헌신하고 있는가?"

2024년 12월 3일 비상계엄 선포가 있었고 2025년 4월 4일 헌법재판소에 의해 탄핵 선고가 이뤄지기까지 다수의 집회가 여의도, 광화문, 한남동 그리고 남태령에서 나타났다. 이 집회들은 20~30대 여성들에 의해서 주도되고, 민중가요 대신 K-팝을 집회 음악으로 사용하며, 팻말이나 촛불 대신 응원봉을 흔든다는 이유 등으로 크게 주목받았다. 그에 발맞추어 이 집회들에 관한 담론도 폭발적으로 나타나고 있다.[1]

---

[1] 《황해문화》나 《문화과학》 등의 저널에서는 2025년 봄호 특집으로 탄핵 집회와 광장에서의 경험을 다루었다. 페미니스트 활동가 3인이 17명의 여성 집회 참가자들을 인터뷰해 엮은 『백날 지워봐라, 우리가 사라지나』가 출간되었고, 『빛의 혁명 183』 등 탄핵 집회 당시 광장에 모인 사람들을 정치철학적 논의와의 연속성 속에서 이론적으로 규정하려는 작업물이

나는 이러한 담론을 촉발시킨 집회 경험의 성격에 대해 논의해 보고자 한다. 12월 7일 이후 집회들의 경험이 어떠했기에 여러 활동가·연구자들로 하여금 당시의 경험들을 수집하고 개념화하도록 이끌고 있을까? 이러한 질문을 제기하는 까닭은 집회 경험이 만들어 낸 동력을 관찰하고 기술하기 위함이다. 집회가 만들어 낸 동력이 이후 어떤 양상으로 전개되고 있는지 그 '사회적 삶'에 더욱 관심을 가지고 비판적으로 바라볼 필요가 있지 않을까? 이 질문은 이 집회들에서 목격된 새로운 연대의 가능성과 잠재력을 소중히 여기면서 동시에 쉬이 유토피아적 환상을 투영하는 걸 경계하려는 양가적인 고민 속에서 비롯되었다.

동력의 사회적 삶에 관한 논의를 위해 나는 12월 7일 여의도 탄핵 집회 이후 나타난 '축제 같은 집회'라는 말과 여기에 묻어 있는 놀라움과 희망의 정서에서 출발해 보겠다.

출간되기도 했다.

축제 같은 집회

작년 12월부터 올해 4월 사이에 벌어진 집회들은 '응원봉', '키세스 시위대', '말벌 (동지)' 등 숱한 용어들을 만들어 냈다. 이 용어들과 나란히 사용된 또 다른 용어는 '축제 같은 집회'가 나타났다는 것이다. 응원봉이 이제 동시대 한국의 대중 정치를 의미하는 상징으로 자리 잡은 것에 비교하면 이 표현은 다소 인기를 잃은 것으로 보인다. 하지만 축제 같은 집회는 12월 7일 여의도 국회의사당 앞에서 계엄 이후 첫 번째 주말 탄핵 촉구 집회가 열리자마자 곧바로 그 특징을 포착한 용어였다. 당일 밤 《뉴욕 타임스》나 BBC 같은 서양의 주요 언론에서 "축제 같은 분위기(festive atmosphere; mood)"가 나타났다는 점을 거론했고, 다음 날 MBC에서는 외신들을 인용하며 "2030 분노 담은 '케이팝'과 '응원통'…… 축제 같은 집회"라는 제목의 뉴스를 보도했다. 이후 거의 동일한 내용의 기사가 여러 언론사들에서 쏟아져 나왔다.[2] 그와 동시에 엑스나 페이스북 등의 소셜미디어,

[2] "South Korea's President Survives Impeachment Bid", *The New York Times*(2024. 12. 7.); "South Korea Pro-

그리고 더쿠 등 인터넷 커뮤니티의 현장 공유나 후기에서도 '축제 같았다'는 표현이 반복적으로 등장했다.

축제 같은 집회라는 말이 가리킨 바는 단순하다. 투쟁을 부르짖는 구호나 민중가요 대신, 소녀시대 「다시 만난 세계」나 에스파 「위플래시」 등 아이돌 가수의 노래가 울려 퍼지면서 보다 시각적·청각적·신체적으로 가볍고 흥겨운 경관이 집회 현장에서 펼쳐졌다는 것이다. 그런데 내가 보기에 이 말은 응원봉보다 당시의 집회 경험에 대해 더 많은 것을 생각해 보게 만든다. 특히 작년 12월 이후의 집회들은 참여자·관찰자로 하여금 무언가 새롭고 의미 있는 변화가 나타났다고 느끼게 했는데 이 느낌을 축제 같은 집회가 더 잘 포착하는 듯하다.

그 까닭은 이러하다. 어떤 사람들은 2000년대 한국의 광장을 수놓았던 촛불에 비하여 서로 다른 모양으로 서로 다른 색깔을 내뿜는 응원봉의 경관이 여러 의견들이 공존하는 민주주의에 걸맞아 보인다고 말한다.

testers Watch Impeachment Hopes Fade", *BBC*(2024. 12. 7.); 「2030 분노 담은 '케이팝'과 '응원봉'…… "축제 같은 집회"」, MBC, 2024년 12월 8일.

하지만 음악평론가 김영대가 지적했듯 "원래 아이돌 응원봉이라는 것은 팬덤의 이기심과 배타성의 상징과도 같"아서 "응원봉은 오직 특정한 사람들을 위해서만 흔들어"지며 "그 외의 장소와 맥락에서는 그 어떤 의미를 갖지 못"[3]해 왔다는 것이 사실이라면, 12월 7일 이후의 광장에서 다채로운 응원봉이 하나 되어 공존할 수 있었던 까닭은 응원봉 자체를 통해 설명되기 어렵다.

　물론 오늘날 한국의 대중 정치와 아이돌 팬덤 사이의 관계가 매우 역동적이고, 20~30대 여성들이 가장 중요한 정치적 행위자 중 하나이며, 응원봉이 그러한 특징들을 집약적으로 표현한다는 점은 사실이다. 하지만 응원봉이라는 표현에 거리를 두고 그들이 촛불 대신 들고 나온 응원봉이 광장을 대표할 수 있게 되었던 축제 같은 집회라는 상황을 좀 더 들여다볼 때 비로소 파악되는 것들이 있다.

---

[3] 「희망가이자 투쟁가로 변신한 「다시 만난 세계」」, 《시사저널》, 2025년 1월 4일.

K-팝 탄핵송 플레이리스트

축제는 모두가 즐기는 행사로 그 안에서 개인은 개별적 특성에 몰두하기를 그치고 축제에 참여한 사람들과 얼마간 하나가 된다. 이런 점에서 응원봉이 광장을 대표할 수 있게 된 까닭은 응원봉 자체에 있다기보다는 축제 같은 집회가 나타나 여러 응원봉들이 하나 되어 즐길 수 있는 상황이 발생했기 때문이다. 그런데 이 상황은, 말하자면 2030 여성들이 참여했기 때문에 인과적으로 발생했다기보다는 보다 우발적으로, 다소 예기치 못하게 발생한 듯하다. 축제 같은 집회의 발생이 예상을 넘어선 일이라는 점은 12월 7일 여의도 집회에서 무대, 마이크, 스피커를 통해 사운드스케이프를 조성하는 일을 담당한 집회 주최 측의 회상에서 알 수 있다.

    주최 측의 행사기획팀장과 사회자에 따르면, 탄핵소추안 투표가 이뤄지기 전까진 여당 측에 분노 어린 요구를 전달하는 것으로 국회 거리 앞에 모여든 사람들을 하나로 묶어 낼 수 있었다. 하지만 저녁 무렵 소추안이 부결되고 나자 현장의 분위기는 어두워지고 파편화되었다. 더군다나 원래 집회에 가장 먼저 도착해 무대 앞에 앉아 있던 민주노총 소속 참가자들이 행진에 나서면서 분위기는 더욱 어수선해졌다. 이에 대한 타개책으로 주최 측은 '국회를 에워싸자'는 제안을 내놓았는데 그 결과 집회 시간에 맞춰 개별적으로 참여했던 젊은 참여자들과 그들의 응원봉이 무대 앞에 모이게 되었다.

> 민주노총이 행진을 시작했고, 그들이 빠져나간 자리를 빛나는 응원봉을 든 1030 청년들이 꽉 채웠죠. 누가 봐도 집회에 처음 나오는 듯한 사람들이었어요. 하지만 열정 가득한 그들의 눈빛을 본 순간 '계엄군이 다시 와도 이 응원봉 부대를 이길 순 없겠구나'라는 생각이 들었습니다. 본능적으로 소녀시대의 「다시 만난 세계」를 틀었고, 청년들의 압도적인 분위기와 함께 탄핵 부결로 침체된 분위기를 완전히 반전시켰죠.[4]

잘 알려져 있다시피 소녀시대의 2007년 데뷔곡인 「다시 만난 세계」는 이미 집회 현장에서 어느 정도 익

---

[4] 「탄핵 DJ 김지호 위원장, "새로운 집회문화 선도해야"」, 《진보당 기관지 너머》, 2025년 1월 1일.

숙한 K-팝이었다. 이 곡은 2010년대 중반부터 퀴어퍼레이드에서 사용되었고, 2016년에는 이화여자대학교 시위에서도 울려 퍼진 바 있다.[5] 당시 어수선한 분위기 속에서 응원봉을 든 참가자들과 행사기획팀장의 우연한 만남이 "본능적으로" 활성화한 것은 바로 이 같은 역사적 맥락이라고 해도 과언이 아니다.

「다시 만난 세계」가 흘러나오자, 나중에 '97년생 촛불집회 사회자'로 유명해진 보조요원이 사회자로 무대에 올랐다. 그는 에스파「위플래시」로 시작해 로제「아파트」, 지드래곤「삐딱하게」, 데이식스「한 페이지가 될 수 있게」 등 대중적인 아이돌 노래들을 연달아 틀며 분위기를 주도했다. 그는 당시 「다시 만난 세계」가 조성한 새로운 분위기를 보고 "지금 「위플래시」를 틀어야 해."라는 마음이 들었다고 한다. 「위플래시」박자에 맞춰 외치는 구호는 참가자들을 다시 하나로 묶어냈고, 이것은 연이은 아이돌 그룹 노래의 활용으로, 즉 "탄핵송 플레이리스트"의 생성, 그리고 궁극적으로는

---

[5] 「새로운 세상 꿈꾸며 「다시 만난 세계」」, 《한겨레》, 2017년 8월 4일.

집회의 축제화로 이어졌다.[6]

이렇듯 어수선한 상황 속에서 우발적으로 나타난 K-팝은 모든 사람들이 하나 되어 즐길 수 있는 분위기를 형성했다. 정확히 말하자면 기존의 집회 음악을 고수하기보다는 참여자들의 특성에 맞춘 음악 활용을 고심해 온 행사팀장에게 응원봉을 들고 있는 다수의 "1030 청년들"이 눈에 띄었고, 그에 따라 K-팝이 흘러나오자 응원봉들을 든 청년들이 중심이 되어 집회 분위기를 반전·고취시키는 동시에 그 모습이 다른 사람들에게도 함께 참여하고 싶은 편한 분위기를 자아낸 것이다.

이런 분위기 속에서 각양각색의 응원봉은 서로가 다른 가수의 팬이라는 것을 가리키기보다도, 동질적이지 않으면서 하나의 집단을 이룬 새로운 민주주의의 형상으로 보이게 되었다. 이는 기존 노동운동 활동가들에게도 마찬가지였는데, 가령 김동명 한국노총 위원장은 "아주 발랄한 방법으로 자기주장을 선명히 하는 걸 보면서 우리 사회의 미래가 밝다고 생각했다"라고 이야기

---

[6] 「탄핵 집회를 축제로 만들어 버린 97년생 사회자의 정체」, 유튜브 채널 '씨리얼', 2024년 12월 27일.

했다. 장창열 민주노총 금속노조 위원장은 "20~30년 전과 달리 민주주의를 갈망하는 풍토와 분위기가 많이 바뀌어서 새로운 희망이 보인다."라며 "젊은 친구들이 많이 나와서 미래가 밝지 않은가 생각한다."라고 했다.[7]

'미래', '희망'은 이러한 인터뷰들을 포함해 당시 집회와 관련해서 나타난 SNS 반응들에서도 공통으로 포착된다. 이 단어들은 응원봉이 예상치 못하게 하나 되는 상황이 펼쳐짐으로써 무언가 새로운 가능성이 생성되었다는 느낌을 드러낸다.

새로운 상상의 시작

철학자 진태원은 계엄 이후 집회 현장에서 겪은 시민 51명의 경험을 담아낸 올봄 《황해문화》 특별호 권두언에서 "서로 외롭게 투쟁을 이어 가던 사람들이 이제 서로가 서로를 알아보고 서로의 투쟁을 자신의 투쟁으로 알

---

[7] 「'시위꾼' 노조 위원장들이 본 '응원봉 집회'」, 《참여와 혁신》, 2024년 12월 9일.

아보기 시작"[8]했다고 말한다. '을(乙)'들의 연대가 어떻게 가능한지를 오랫동안 고민하고 있는 그는 농민과 여성, 여러 소수자들 사이의 뜻밖의 연대가 일어난 '남태령 대첩'을 중요하게 다루고 있지만, 나는 그가 이 사건을 두고 '시작'이라 표현한 것이 12월 여의도 집회의 참여자와 관찰자들이 겪은 바와 일맥상통한다고 생각한다.

진태원에 따르면 남태령 대첩은 "위계적 질서에 휘둘리지 않는 삶이 **가능하다는 것을 을들이 스스로 입증한 싸움이었다고 할 수 있는 획기적인 계기**"[9]라는 점에서 시작이었다. 다시 말해 전에 가능하다고 여기지 못한 일들이 가능하다는 것이 밝혀졌다는 의미에서 시작이고, 이것이 이전에는 나타나지 않았던 새로운 변화라는 점에서 시작이라는 것이다.

나는 진태원이 말한, 나아가 내가 보기에 12월 여의도 집회, 그리고 남태령 대첩의 참여자·관찰자들이 모두 느낀 이 시작에의 감각이란 무언가 새로운 시간적

---

[8] 진태원, 「세 번의 놀람, 세 개의 질문, 세 개의 과제」, 《황해문화》 126호 (2025), 12쪽. 강조 추가.
[9] 위의 책, 13쪽. 강조 추가.

지평이 열렸다는 감각이라고 말하고 싶다. 핵심은 이 시간적 지평 속에서 그전과는 다른 미래에 대한 상상이 활성화되었다는 것이다. 인류학자 레베카 브라이언트와 대니얼 나이트가 『미래의 인류학』에서 말하듯, 어떤 일이 벌어질지도 모른다는 예감이나 기대, 혹은 추측, 예상, 운명론적 예언 역시 문화를 만들어 나가는 중요한 작인이다.[10] 이와 같은 상상은 현재의 우리에게 그 미래로 나아가게끔 하는 동력을 제공하면서, 동시에 그러한 현실화의 단서들에 우리가 정향되게끔 한다.

결국 무언가 새로운 연대의 가능성이 실현되었으며 앞으로도 이런 일들이 계속 벌어지기를 바라는 동력과 정향이 12월 이후 집회 경험의 핵심이며 이후의 집회 담론으로 이어지고 있는 것 같다. 마치 벤야민이 남긴 말처럼 말이다. "인식은 오로지 번개의 섬광처럼 이루어진다. 텍스트는 그런 후에 길게 이어지는 천둥소리와 같다."[11]

---

[10] Rebecca Bryant & Daniel Knight, *The Anthropology of the Future*(Cambridge University Press, 2019).
[11] 발터 벤야민, 조형준 옮김, 『아케이드 프로젝트 1』(새물결, 2005).

집회 이후의 동력

그런데 광장의 경험이 촉발한 동력을 어떻게 지속하고 확장할 수 있을까? 진태원의 짧은 글을 다시 거론해 보자면, "이것을 광장에서 한때의 좋았던 경험으로 한정하지 말고, 어떻게 우리의 헌정 질서 내로 기입할 수 있을까?"라는 어려운 질문이 남아 있는 것이다. 나는 그가 제기한 질문은 광장의 경험이 촉발한 동력을 어떻게 이어 갈 수 있는지라고 생각한다.

사회학자 김정환은 근래 출간된 『몸, 스펙타클, 민주주의』에서 이 질문을 보다 통렬하게 제기한다. 1980년대 학생운동 이래 한국 대중 정치에서 반복된 죽음과 결집의 레퍼토리를 추적하며 그가 거론하는 질문은 새겨들을 만하다.

> 한국 민주주의의 상상계에서 민(民)은 개별적 존재로서 자신의 사적 영역에 뿔뿔이 흩어진 채 각자도생하다가 누군가의 죽음을 목격한 이후에야 비로소 등장하여 민주주의를 소생시킨 후 다시 사라지기를 반복해 왔기 때문이다. (……) 민주주의를 마지막 순간에

축제 같은 집회와 희망

지켜 내는 것이 아니라 무너지지 않도록 미리미리 고치고 수선해 나갈 수는 없는 것인가?[12]

이 대목에서 제기하는 문제는 한국 민주주의 역사가 민중 내지는 인민 등이 민주주의의 위기의 순간에 '무대'에 올라 스펙타클을 연출해 내는 것에 지나치게 의존해 왔다는 것이다. 이 스펙타클은 그때그때 강렬한 희망을 불러일으켰지만 지속되기보다 끊어지면서 스타카토와 같은 계열을 이룰 뿐이었다. 이러한 분석에 기반해 김정환은 애당초 광장에서 극적인 연출이 펼쳐질 일이 없도록 무대 뒤편에서 지속적으로 민주주의를 '수선'해 나가는 실천이 더욱 필요하다고 주장한다. 나는 그의 주장을 받아들여 다음과 같은 질문을 던져 보고 싶다.

탄핵 집회가 만들어 낸 새로운 미래를 향한 동력은 담론 속에서 어떤 삶을 살아가고 있는가? 이 담론들은 그 동력을 확장시키고 있는가, 아니면 단지 그때의 기억을 유토피아적 환상으로 저장해 두는 데 헌신하고 있

[12] 김정환, 『몸, 스펙타클, 민주주의』(창비, 2025), 329쪽.

는가? 이와 관련해서 나는 인류학에서 널리 통용되는 '사회적 삶'이라는 관점을 도입해 보고 싶다. 이 관점에 따르면, 개인이 아닌 것들도 독립적 행위자로 상정한 채 그것이 어떻게 관계와 의미를 생성시키는지, 그리고 그 과정에서 어떤 변화를 겪는지 그 궤적을 좇을 필요가 있다.[13] 가령 집회가 만들어 낸 동력은 그 참여자로 하여금 새로운 집회에 나서게 하면서 지속되고 있는가 하면, 때로는 단순히 박제되면서 더는 활동력이 없는 역사적 기록으로 '생'을 마감하게 되기도 한다.

여러 담론에서 다루는 집회들이 벌어진 지 이제 9개월 이상이 흘렀다. 이제 우리는 탄핵 집회의 동력이 살고 있는 사회적 삶에 관심을 가짐으로써 그것이 어떻게 지속되고 있으며 어떻게 확장될 수 있을지 물어야 하지 않을까?

[13] Arjun Appadurai(eds.), *The Social Life of Things: Commodities in Cultural Perspective*(Cambridge University Press, 1988).

희망의 방법

 이 글의 출발점은 근래의 집회 담론들이 당시의 경험을 축하하고 저장하거나, 회고적인 재구성에만 몰두하고 있는 것 같다는 답답함이었다. 동력의 사회적 삶이라는 관점을 제시함으로써 나는 탄핵 집회 이후 그에 대한 다른 종류의 논의가 가능하다는 것을 환기해 보고 싶었다. 이는 단순히 현실에 더욱 부합하는 것을 말하기 위함이 아니라, 집회의 동력이 어떻게 이어지는지 파악하고 확장할 방법을 고민하기 위해서이기도 하다. 궁극적으로 나는 동력의 '사회적 삶'을 진단할 수 있기를 의도한다. 이를 위해 "희망의 방법"에 관한 인류학자 미야자키 히로카즈의 논의로 글을 마무리 짓고자 한다.

 미야자키는 『희망의 방법』에서 희망을 단순히 어떤 긍정적인 감정이 아니라, 아직 실현되지 않은 미래를 상상하고 그곳으로 나아가게 하는 동력의 일종으로 본다.[14] 기본적으로 미야자키의 문제의식은 희망이

---

[14] Hirokazu Miyazaki, *The Method of Hope: Anthropology, Philosophy, and Fijian Knowledge*(Stanford University Press, 2004).

의미 있는 지식 생산에 핵심적인 요소라는 것이지만, 이 저작에서 그가 해명하려고 한 주요 질문은 바로 '희망의 방법', 즉 어떻게 반복된 실패 속에서도 희망을 살아 있게 할 수 있는가이다.

연구 대상의 삶으로부터 무언가 배워 오는 인류학의 특성대로 미야자키는 자신이 만난 피지인들의 삶을 통해 희망의 방법을 탐구한다. 그는 태평양 남부에 자리한 나라 피지의 한 국립 문서고에서 토지 소유권 관련 재판 기록들을 살펴본다. 그러던 와중 원주민 변호사 등이 이 문서들을 조사하기 위해 연구자인 자신만큼이나 문서고를 자주 방문하고 있다는 점을 발견했다. 이후에 알게 된 그 까닭은 피지 식민사 속에서 영국에게 부당하게 빼앗긴 토지 소유권을 원주민들이 되찾을 가능성을 찾기 위해서였다.

그런데 표면상 그 문서들은 19세기 말부터 이뤄져 온 원주민들의 각종 요구를 어떻게 식민 정부가 반복적으로 거부해 왔는지 보여 주고 있었다. 그렇다면 대체 이들은 기존 거래를 뒤집을 가능성이 문서고에 있다는 희망을 어떻게 유지하고 있는 것일까? 미야자키에 따르면, 원주민들은 문서를 거슬러 읽는 전략들을 지니고 있었다. 예컨대 매끈하게 쓰인 본문과 달리 문서들의 부록에는 식민 정부와 원주민 사이의 토지 거래가 부정확한 사실 관계에 기반해 이루어졌음을 보여 주는 단서들이 산재해 있다. 이러한 단서들은 과거의 거래를 무효로 돌릴 수 있는 새로운 소송 가능성을 만들어 내며, 그로써 이미 종결된 듯 보이는 토지 거래에 미결정성을 도입한다. 이 사례를 통해 미야자키는 종결된 듯 보이는 사태에 미결정성을 도입하는 실천의 반복 속에서만 희망이 유지될 수 있다고 주장한다.

희망의 방법에 관한 미야자키의 논의는 탄핵 집회의 희망을 어떻게 지속하고 확장할 수 있는가라는 질문에 중요한 참조점을 제공한다. 미야자키의 통찰을 따라 탄핵 집회 이후의 담론과 활동들 속에서 새로운 연대의 가능성이 어떻게 계속해서 살아 숨쉬고 있는지 지도를 그려 냄으로써 희망의 사회적 삶을 추적해 보면 어떨까? 나는 그렇게 추적하고 재구성하는 과정 속에서 어떻게 축제 같은 집회가 보다 일상적인 수준에서 반복되며 희망의 물결을 퍼뜨릴 수 있을지, 더 나아가 그렇게 이어지는 희망이 진정 사회 전체로 확장될 수 있는 종류의 것인지 생각해 보기를 희망한다.

기후변화 시대에
추재하기

양서류

박선영　　문화운동 활동가. 시민자치문화센터 소속으로 활동하고 있으며, 최근에는 지속 가능한 축제의 확산을 위한 '그린피겨스 프로젝트'를 중심으로 활동하고 있다.

축제란 [기후변화 시대도 계속되어야 한]다.

"기후위기 시대의 축제는
우리에게 기후위기로 인한
어려움과 우울감을 함께 공감하고,
서로를 격려하며, 협력의 감각을
넓혀 가는 삶의 과정이자
특별한 시공간이 될 수 있다."

봄철 전국에서 열리는 벚꽃축제, 겨울 강원도 산간지역에서 열리는 눈꽃축제처럼 우리나라의 많은 축제가 계절, 날씨 같은 기후 조건과 맞닿아 있다. 하지만 기후변화로 봄꽃의 개화 시기가 지나치게 앞당겨지며 벚꽃 없는 벚꽃축제가 열리기도 하고, 이상기온으로 인한 해양생물의 대량 폐사로 축제 자체가 무산되기도 한다. 기후위기는 더 이상 축제를 운영할 때 발생하는 변수가 아닌 현실이 되어 버렸다.

  그렇다면 기후위기 시대의 축제는 어떤 모습이어야 할까? 공간과 장소의 영향을 크게 받을 수밖에 없는 축제의 특성상 변화된 기후 환경에 적응하고, 기후위기로 인해 발생되는 재난에 대응하는 능력을 키우는 것이 중요해졌다. 하지만 이러한 변화만으로 충분할까? 어쩌면 지금껏 우리가 축제를 만들고 즐겨왔던 방식 자체에 어떤 근본적인 물음을 던져야 할 때인지도 모른다.

어릴 적부터 축제에 큰 매력을 느꼈던 나는 펜타포트락페스티발부터 강릉단오제까지 축제의 유형을 가리지 않고 많은 축제의 현장을 찾아다녔다. 특히 축제 현장에서만 느낄 수 있는 자유로움과 일탈적인 분위기를 좋아했다. 솔직히 말하면 그 과정에서 발생하는 소비적인 문화와 일회성 성격의 이벤트에 큰 문제의식을 느끼지 못했다. 오히려 축제 현장에서만 살 수 있는 굿즈를 기다리고 화려한 퍼포먼스나 이벤트를 즐긴 적도 많았다. 하지만 기후위기 문제가 우리의 삶을 위협하는 현실로 떠오르면서, 축제를 바라보는 시선이 마냥 이전과 같을 수는 없었다.

축제가 끝난 뒤 산처럼 쌓여 있는 쓰레기 더미, 인근 주민들과 주변 생태계와 생물들을 고려하지 않는 불꽃놀이나 레이저쇼, 물 부족이 심각한 상황에서도 10만 리터의 물을 낭비하는 워터밤 축제 등…… 어쩌면 환경 파괴와 소비문화를 부추기는 축제가 기후위기 시대에 사라져야 하는 것이 아닐까 의문이 들기도 했다.

새로운 상상의 실험장

축제는 반생태적이며 기후를 생각하면 없어져야 할 것일까? 지금 면면들을 생각하면 축제는 계속되어야 한다고 말하기 어렵게 느껴지지만, 사실 반생태적 축제의 모습은 대부분 최근에 만들어졌다. 과거의 축제는 마을과 지역을 중심으로 주로 이루어졌고, 지역의 정체성을 세우고 구성원들 간의 소통과 유대를 만드는 것이 중요했다. 지역의 환경과 생태계는 소비와 파괴의 대상이기보다는 신성시하고 보호해야 할 대상에 가까웠다.

　　기후위기는 기술 과잉, 인구 증가, 끝을 모르는 소비문화, 갈수록 심화되는 불평등이 얽힌 인간 문명 전반의 문제다. 오랫동안 인간 중심의 세계관 속에서 성장과 발전, 경쟁만을 추구해 왔던 결과다. 아미타브 고시는 『대혼란의 시대』에서 "기후위기는 문화의 위기이자 상상력의 위기"[1]라 강조했다. 우리의 상상력과 기존의 대응 체계가 이 위기를 제대로 인식하지 못하는 지금, 문화적 전환과 과감한 상상력이 필요하다.

[1] 아미타브 고시, 김홍옥 옮김, 『대혼란의 시대』(에코리브르, 2021).

축제는 이 상상력을 실험하는 장소가 될 수 있다. 러시아의 문학이론가 미하일 바흐친은 축제가 공식적인 질서의 일시적 전복과 민중의 해방을 실현하는 공간이라고 설명했다. 축제에서는 일상적인 금기가 해제되고 위계질서가 일시적으로 허물어지면서 다양한 목소리가 동등한 위치에서 공존하게 된다는 것이다. 이런 점에서 축제는 사회 비판과 변화의 가능성을 제시하는 중요한 장이 될 수 있다. 일상적인 질서와 사회적 정체성이 일시적으로 해체되는 중간적이고 과도기적인 상태, 즉 리미널리티의 경험은 우리에게 새로운 변화와 전환의 가능성을 제시한다. 이 '문턱'의 상태를 통해 기존의 생각과 행동 방식을 비판적으로 성찰하고, 새로운 가치와 관계를 실험하게 된다. 궁극적으로는 더 나은 미래를 상상하고 실천할 수 있는 계기를 마련할 수 있다.

그린피스, 초록의 숫자들

기후위기 시대에도 축제는 계속되어야 한다. 그런데 여러 학자들이 말하는 축제의 가치와 현실 사이의 간극을 어떻게 메울 수 있을까? 축제가 계속되기 위해서는 우선 축제가 환경에 미치는 영향을 파악하고 변화시켜야 한다고 생각했다. 지속 가능한 축제를 위한 모니터링 활동을 시작한 이유다. 그중 하나가 '그린피겨스(Green Figures)' 즉 '초록의 숫자들' 프로젝트다.

그린피겨스는 지속 가능한 축제를 위한 기후위기 대응 모니터링 활동을 진행해 오고 있는 팀이다. 최근 축제들은 일회용기 사용을 금지하고 재생 에너지 사용을 확대하며, 쓰레기 분리수거를 강화하는 식으로 축제를 친환경적으로 운영하려 노력하고 있다. 하지만 이러한 실천들은 한계가 명확하기도 하다. 여러 주체가 얽혀 만들어지는 축제가 환경에 미치는 영향은 더 복합적이고, 서로 연쇄적인 영향을 미치기 때문이다. 환경적 영향을 지표로 구분해 내고, 측정하고, 분석하며, 대안을 마련하는 체계적인 과정이 필요하다.

모니터링의 가장 큰 장점은 정량적인 데이터를 만든다는 데 있다. 정량적인 데이터는 눈에 보이지 않던 것을 보이게 한다. '초록의 숫자들'을 변화를 위한 객관적인 기준점으로 삼을 수 있는 것이다. 정량적인 데이터는 축제가 열리는 지역의 주민들, 축제를 지원하는 정부와 담당 공무원, 축제를 만들어 가는 기획자와 스태프 그리고 관객까지 이해 관계자들로부터 신뢰와 협력을 끌어내는 데도 큰 힘을 발휘한다.

그린피스는 축제의 탄소 배출량 측정을 핵심적인 지표로 삼고, 그 외에도 자원 재활용률이나 채식 식단 비율과 같은 다양한 지표를 설정하고 측정한다. 축제 과정에서 발생하는 탄소 배출 요소들을 구분하여 이동 및 교통, 에너지, 물자, 폐기물, 식음료, 숙박 등의 영역을 통해 정확한 배출량 측정을 위해 노력하고 있다.

지난 몇 년간 자라섬재즈페스티벌이나 DMZ 피스트레인 뮤직 페스티벌과 같은 축제와 협업했다. 이들 축제는 오래전부터 친환경적 운영을 지향하며, 다회용기 사용 확대와 친환경 소재 활용과 같은 실천을 이어 왔다. 또한 그린피스와 함께 축제 모니터링을 진행하면서, 축제가 가진 현황과 문제점을 분석하고 개선 방향에 대한 효과적인 인사이트를 도출할 수 있었다.

그러나 지속 가능한 축제 모니터링이 항상 매끄럽게 진행되거나 모든 이해 관계자의 동의를 얻어 이루어진 것은 아니다. 특히 축제에서 탄소배출량을 측정하고 이를 공개하는 행위 자체가 해석에 따라 서로 다른 의미를 가질 수 있기 때문이다. 탄소배출량은 측정 방법이나 설계에 따라 결과가 크게 달라질 수 있으며, 오히려 더 성실하고 정확하게 측정할수록 현실과 다르게 배출량이 높게 산출되는 역설이 나타나기도 한다. 따라서 모니터링의 취지에는 공감하더라도, 그 결과를 어떻게 받아들이고 활용할지는 단순한 문제가 아니다.

축제 모니터링이라는 용어 자체가 지닌 한계도 존재한다. 기존의 축제 모니터링은 축제를 평가하고, 그 결과를 향후 지원 조건이나 평가 항목으로 활용하는 방식으로 운영되어 왔다. 이로 인해 축제 모니터링은 곧 '평가와 패널티'라는 인식이 고착화되었다.

그러나 지속 가능한 축제 모니터링은 잘못을 지적하거나 정답을 제시하는 과정이 아니다. 오히려 서로에게 영감을 주고 더 나은 질문을 찾아가는 과정이다. 이 과정에서는 비판보다는 격려가 중심이 되어야 하며, 함께할 동료를 찾아내고 확장해 나가는 방식이 필수다. 다양한 가설과 질문을 통해 새로운 관점과 풍부한 담론이 형성되고, 그 속에서 예상치 못한 대안과 해결책을 발견할 수 있을 것이다.

기후위기는 인간 중심의 문명 자체에 대한 근본적인 성찰과 대전환을 요구한다. 축제가 무분별한 소비와 환경 파괴의 주범으로 오명을 쓰기도 했지만, 오히려 축제는 인간 문명 초기부터 공동체의 소통과 협력, 새로운 상상력의 발현, 그리고 변화를 위한 실험의 장으로서 중요한 역할을 해 왔다.

그렇기에 문명의 위기 앞에서 축제를 포기하는 것이 아니라, 그 본연의 가치를 재정립하고 기후위기 시대의 새로운 대안으로 재탄생시켜야 한다. '인간-성장-경쟁'이라는 패러다임을 넘어 '생태-순환-협력'이라는 새로운 세계관을 삶의 중심으로 삼을 때다. 이를 축제를 통해 구체적으로 상상하고 실천해야 한다.

기후위기 시대의 축제는 우리에게 기후위기로 인한 어려움과 우울감을 함께 공감하고, 서로를 격려하며, 협력의 감각을 넓혀 가는 삶의 과정이자 특별한 시공간이 될 수 있다. 축제는 다양한 생명체들과의 공존을 축제 안에서 경험하고, 목적과 결과가 아닌 존재와 과정으로서 서로 연결되고 순환하는 일상을 연습하는 일이다. 함께 문제를 해결해 갈 수 있는 공통 감각을 쌓아 가는 것이다. 바로 그것이 기후위기 시대의 축제가 나아가야 할 방향이며, 이 시대가 우리에게 부여하는 새로운 축제의 의미일 것이다.

그림으로 그리기에서

시동이

신동일　중앙대 영어영문학과 교수. 한국인이 '또 다른 언어'를 배우거나 사용하면서 발생하는 문제적 상황을 개인의 결핍으로만 보지 않고 사회문화적 관점으로 탐구하는 언어감수성, 언어통치성, 언어평가정책 연구자다. 언어로 살아가는 삶에 차별의 경험과 부적절한 관행이 어떻게 개입하는지 탐구한다.『모두를 위한 대화감수성 수업』,『버티는 힘, 언어의 힘』,『미학적 삶을 위한 언어감수성 수업』,『담론의 이해』,『앵무새 살리기』등의 책을 출간했다.

축제란 [두 자아가 충돌하고 협상하는 공간]이다.

"그렇지만 축제나 여행이
모두 끝난 후에 자꾸만
'이젠 정말 다른 내가 되고 싶다'는
생각이 들면 어떻게 해야 하나?
일상 밖에서 마주친 잔상과
사건이 잊혀지지 않는다."

여름은 축제의 계절이다. 도심 한복판이든 먼 여행지든 우리는 그곳을 향한다. 땀이 흐른다. 비에 젖는다. 잔디밭에서 뒹군다. 상상만 해도 설렌다.

그렇지만 막상 닿은 그곳에서 불편하거나 어색하지 않을까? 함께 간 가족과 친구와 티격태격 다투거나, 낯선 그곳에서 누군가의 무례함에 상처받지는 않을까? 모두가 즐거워 보이는데 나만 멀뚱하지는 않을까? 양가적 마음이 공존한다. 놀러 가는 것이지만 흐트러지고 싶지 않다. 작정하고 즐기고 싶은데 긴장도 된다. 즐기고 싶은데 왜 자꾸 망설여질까? 자유를 원하면서도 통제를 갈망하는 이유는 무엇인가? 기대와 주저함, 즐거움과 불안, 긍정과 부정, 능동과 수동, 그런 모순과 대립

이 내 안과 곁에서 수시로 교차한다. 축제를 향한 내 마음은 왜 이토록 이중적일까?

오디세우스 vs. 오르페우스

누구나 이중적 자아로 살아간다. 축제를 향한 욕망도 양가적일 수밖에 없다. 내 안에 합리성과 규칙을 중시하는 오디세우스의 마음이 있다. 쾌락과 위반에 흔들리는 오르페우스의 마음도 담겨 있다. 둘은 직조되고 교차되면서 나만의 인생 궤적이 그려진다.

마음을 감시하는 오디세우스적 자아는 서사시 『오디세이아』에서 그 원형을 찾을 수 있다. 오디세우스는 세이렌 자매의 섬을 지나며 몸을 돛대에 묶고 선원들의 귀를 막고 탈주술의 실천을 발휘한다. 그는 합리적이고 계획적이고 의지적이다. 세이렌의 유혹을 견디며 지켜야만 하는 질서를 다 지킨다.

오디세우스적 자아로 프로그램된 자라면 축제를 제대로 욕망이나 할까? 축제는 나만의 규칙적인 삶을 흔들 수 있다, 이상하거나 무례한 사람을 만날 수 있다, 정신 바짝 차리자. 너무 설레지도 말자…… 그런 주문을 외며 축제를 긴장된 표정의 구경꾼으로 바라볼 것이다.

다행히 다른 한편에 오르페우스가 있다. 그는 지하 세계에서 구한 사랑하는 에우리디케를 지상으로 데려올 기회가 있었다. 단 절대 뒤돌아보지 말아야 한다는 약속은 지켜져야 했다. 그러나 너무나 보고 싶었던, 다시는 보지 못할 뻔한 그녀가 뒤에서 자꾸만 부른다. "당신, 오르페우스 맞죠? 나 한 번만 봐요. 나 안 보고 싶어요?" 오르페우스는 결국 약속을 지키지 못하고 그녀를 돌아본다.

당신이 오디세우스로 살겠다고 작정한다면 오르페우스의 찰나적이고 돌발적인 욕망이 한심하게 보일 것이다. 그렇지만 인간은 기계가 아니다. 오디세우스적 자아로만 살지 못한다. 오르페우스의 찰나적 위반이 삶의 균열을 만들지만 그런 틈에서 변화가 시작될 수도 있다.

오디세우스는 승리했지만 억압적이었고, 오르페우스는 실패했지만 위반의 쾌락이 있었다. 철학자 미셸 푸코는 오르페우스 신화를 인용하면서 삶과 세상의 변화는 우연, 모순, 위반을 통해서도 일어난다는 사유를 제시했다. 오르페우스가 뒤돌아본 '위반'은 기존 질서와 경계를 넘는 것이지만 새로운 이야기를 시작하게 만든다. 충동적이고 모순적인 경험은 우리를 익숙하지 않은 '바깥(the outside)'으로 데려가고, 그곳에서 새로운 언어와 의미를 발견하게 된다.[1]

물론 여행길에서 오르페우스처럼 충동적일 수만 없다. 오디세우스와의 축제는 끔찍하겠지만, 오르페우스와의 동행은 위반과 위험이 가득할 것이다.

축제의 언어, 접촉의 언어

축제는 두 자아가 충돌하고 협상하는 공간이다. 축제를 즐기려면 오디세우스도 필요하고 오르페우스도 초대해야 한다. 워터밤과 같은 여름 축제도 그렇지 않은가? 구태의연한 일상에서 벗어난 쾌락이 있다. 아슬아슬하게 옷을 입고 물을 뿌리고 막춤을 춘다. 그러나 겉보기엔 엉망진창으로 보여도 거긴 주최 측의 질서와 규칙이 작동하는 곳이다. 규율이 없다면 축제는 아수라장이 된

---

[1] Michel Foucault·Maurice Blanchot, "The thought from outside", In L. During(Ed.), *Foucaul tl Blanchot: The thought from outside*(Zone Books, 1987), pp. 7~58.

다. 씨줄과 날줄로 규율과 쾌락은 엮여 있는 셈이다.

규율과 쾌락이 얽혀드는 것은 언어 사용에서도 마찬가지다. 교실과 사무실에서 사용하는, 또는 교재나 회의록에 등장하는 언어는 예측 가능하고 질서 정연하게 분류하는 '오디세우스의 언어'다. 필요한 글, 지켜야 할 말이 표준과 관례로 정해져 있다. 그에 반해 일상에서 벗어난, 다양한 링구얼들이 출현하는 접촉지대의 언어는 예측이 어렵고 창조적인 '오르페우스의 언어'다. 접촉지대에서는 서로 다른 모어를 사용하는 화자들이 효율적인 의사소통을 위해 링구아 프랑카(lingua franca)를 사용한다. 여러 언어와 기호적 자원을 통합적으로 활용하는 트랜스링구얼(translingual), 도시적 공간에서 언어를 마치 유동적인 자원처럼 다루는 메트로링구얼(metrolingual), 소수자 언어에 특별한 관심을 갖는 에코링구얼(ecolingual)이 보이는 곳이다.

접촉지대는 다양한 언어와 문화가 만나고 협상하는 곳이다. 규범적이고 공식적인 언어, 서로 예의를 갖추고 정보를 교환할 수 있는 언어는 필요하다. 그런 언어를 사용할 때 안전하고 편안할 수 있다. 그러나 낭만적인 언어, 여분의 언어, 말해 보고 싶은 언어도 필요하다.

왜 일상은 무료하고 나는 굳이 낯선 곳으로 여행을 떠날까? 맥도날드화된 언어, 예측 가능한 언어, 통제적인 기호적 경관이 답답한 것이다.[2] 접촉지대에서 언어와 기호를 낯설게 경험하고 싶다는 욕망 때문이다. 그런 점에서 나와는 다른 언어를 사용하는 그들은 축제가 축제다울 수 있는, 여행이 여행다울 수 있는 최선의 동반자일 수 있다. 그들 덕분에 내 언어의 리듬이 달라지는 실험이 시작될 수 있다.

홍콩 야시장에서 갔을 때, 교실에서 배운 영어가 요긴하게 쓰였다. 그러나 엉뚱한 의성어나 몸짓을 섞으면서 즉흥적인 대화를 나누다 보면, 갑자기 나를 둘러싼 언어와 경관이 새롭고도 유쾌한 감각으로 느껴졌다. 기존 질서와 규율에 비껴갈 때, 다른 언어를 낯설게 사용할 때 새로운 자아가 발견될 수 있다. 내 인식과 감각이 재편된다. 세상은 호기롭고도 다채롭게 다시 정의된다.

---

[2] 신동일, 『앵무새 살리기: 더 좋은 언어사회를 희망하며』(박이정, 2020).

축제가 끝나고 마음이 불편할 때

서로 다른 언어와 사람이 섞인 접촉지대는 나와 세상이 새롭게 정의되는 실험장이지만 당혹스러운 일도 종종 발생한다. 나와는 다른 언어를 사용하는 그(들)와 불편해지기도 한다.

오해와 갈등이 생긴다. 너무나 기대했는데 예상과 달리 결핍, 문제, 방해, 흐트러짐을 경험한다. 축제뿐만 아니라 이불 밖만 나가면 어디서나 사실 그렇다. 오디세우스처럼 계획해도 오르페우스처럼 무너지고, 오르페우스처럼 충동적이었다면 오디세우스의 자책이 밀려온다. 그런 이유 때문에 그렇게 한편에서는 삐뚤어진 채, 그래도 다시 펴면서 살아가자는 것이 가장 현실적인 축제 후기가 될 터이다.

다르고도 낯선 언어들이 엉킬 때 의미 전달이 실패하기도 하지만 각자가 지켜 온 자아정체성이 침범되기도 한다. 다양성의 가치가 폄하되는 곳이라면 차별이 발생한다. 링구아 프랑카로 통용되는 영어는 온전한 소통을 보장하지 못한다. 트랜스링구얼로 여러 언어를 교차적으로 사용하다가 오해를 일으킨다. 해피 엔딩이 보장되는 영화에서나 규율과 쾌락이 조화롭게 엮일 뿐 현실의 접촉지대는 갈등이 해결되지 않기도 한다.

그래도 축제나 여행의 미덕은 그곳에 계속 머물지 않아도 된다는 점이다. 일상 밖에서 위반의 쾌락을 경험하고, 경계를 횡단하며 오디세우스와 오르페우스의 자아가 부대끼는 중에 우리가 사용하던 언어의 리듬마저 달라진다. 그래도 괜찮다. 오디세우스의 질서가 무너지고, 오르페우스의 충동으로 단절을 경험하더라도 우리 모두 익숙한 일상으로 돌아온다.

달라지야 행동하기

그렇지만 축제나 여행이 모두 끝난 후에 자꾸만 '이젠 정말 다른 내가 되고 싶다'는 생각이 들면 어떻게 해야 하나? 일상 밖에서 마주친 잔상과 사건이 잊혀지지 않는다. 샌티아고 순례길을 30일 내내 걸으면서 성찰한 것, 나이아가라 폭포 앞에서 마주한 대자연의 경이로움, 다채로운 언어 사용의 경험과 흥미진진한 기호적 경관들, 안타깝게도 일상에 복귀하면서 그런 건 모두 소멸되고 퇴색된다.

그런 차에 답답하다, 이렇게 견딜 순 없다는 생각이 멈춰지지 않는다면 그건 지금과는 다른 삶의 규칙성이 필요하다는 신호일 것이다. 유도 선수라는 정체성을 가지려면 업어치기와 같은 낯선 동작을 수백 번도 넘게 반복하며 몸을 단련시킨다. 그렇게 누구나 다른 '나'가 되려면 낯선 동작을 새로운 의례(ritual)로 만들어야 할 것이다. 일상적인 행위의 형식과 순서를 바꿔야 한다. 의례가 그렇게 축적만 되면 나만의 특별한 정체성이 생기고, 주변과의 관계성이 달라지며, 다음 축제와 여행에서의 몸과 마음의 반응까지 새롭게 만들 것이다.

고대 그리스인에게 '덕(arete, 탁월함; 힘)'이 있는 삶이란 단순한 내면의 미덕이 아니었다.[3] 자기가 원하는 삶을 살아가기 위한 자기 통치의 기술, 즉 '실존의 기술(techne tou biou)'이었다. 반복적으로 규칙을 적용해야만 좋은 삶을 살기 위한 기술을 습득하는 것이었다. 말을 길들이거나 신발을 잘 만드는 기술처럼, 매번 반복하는 일상적인 실천만이 자신과 세상을 바꾸는 탁월

---

[3] 물론 노예를 둔 성인 자유시민(남성)에게 한정된 윤리였다. 그럼에도 불구하고 자기 통치를 통해 스스로를 꾸미는 삶의 미학은 단련된 자유를 만들려고 하는 지금 시대의 우리에게도 유효한 통찰을 준다.

함이자 힘이라고 믿었다.

지난 여름의 경험으로 드러난 자신의 경직된 모습이 못마땅했거나 충동적 위반으로 오해와 갈등에 휩쓸리는 자신이 싫었다면, 오디세우스적 금욕과 오르페우스적 방종의 이분법을 넘어서야 한다. 단련된 자유를 지향한 고대 그리스의 통찰을 빌려 자신을 하나의 작품으로 다시 창조해야 할 때다. 물론 쉽진 않을 것이다. 삶의 질서에 새롭고도 규칙적인 형식성을 부여하려면 상당한 노력이 투입되어야 한다. 자신만의 근력, 심력, 혹은 권력(덕)을 강화하는 건 수개월, 수년의 시간이 필요하다.

윤리의 어원인 에토스(ethos)가 '습관'이라는 의미를 지니고 있듯, 각자의 정체성은 반복적인 행위를 통해 재형성될 수 있다. 아리스토텔레스가 품성의 힘을 반복된 에토스에서 보았듯이, 작은 습관만이 큰 변화를 만든다. 나는 언어 사용에도 에토스가 있다는 걸 알려주려고 학생들에게 애미 커디의 테드 강연 영상을 보여주곤 한다. 신체언어(body language)를 바꾸는 작은 습관이 마치 사기꾼처럼 느껴지더라도 결국 자신감을 회복시키고 기회를 새롭게 연다는 메시지 "Fake it until you become it. Tiny tweaks become big change.(될 때까지 그런 척 하세요. 작은 변화가 모여서 큰 변화를 만듭니다.)"는 습관의 형식성이 결국 정체성마저 바꿀 수 있다는 논점을 직관적으로 보여 준다.

신체언어뿐만 아니다. 나다움을 드러낼 수 있는 어휘를 의식적으로 반복해서 선택하고, 말차례를 동등하게 교환하며 인격적으로 서로 존중하는 대화를 유지하며, 처음-중간-끝의 서사 구조로 내 이야기를 마치고, 자료와 논거 기반으로 주장을 펼치는 것. 모두 평범한 언어 사용인 듯하지만 '나'라는 존재를 새롭게 구성하는 언어기술이 될 수 있다. 내가 의문문에 관해 아는 것만으로 충분하지 않다. 그런 문장 형식을 반복적으로 사용하는 만큼 나란 존재는 '질문을 할 수 있는 삶'의 형태로 변형된다. 말을 배우든, 복수의 언어를 전략적으로 교차하든, 새로운 언어를 반복적으로 숙련하는 만큼 자신의 삶을 배려하는 실천성을 키울 수 있다.[4]

푸코 역시 고대 그리스인의 '삶의 기술'을 주목했

---

[4] 새로운 언어를 숙련하며 자기배려의 삶을 실천한 여러 일화와 사례는 다음 책에서 볼 수 있다. 신동일, 『버티는 힘, 언어의 힘』(필로소픽, 2024).

다. 예를 들면, 삶을 하나의 예술작품으로 만드는 미학적 실천의 예시로 에크리튀르(e'criture, 일상의 자기에 대해 쓰기)를 언급했다. 일기를 포함한 서사 형식을 가진 글쓰기는 주체가 자신을 돌보고 변형하는 과정에 개입할 수 있다. 자신이 쓴 글이 자신의 일부처럼 느껴질 때까지 반복될 때 글쓰기는 단편적인 사건에 그치지 않고 새로운 에토스를 세울 수 있는 반복 가능한 실천이 된다.[5]

여름의 끝은 새로운 의례의 시작이 될 수 있다. 지금부터라도 수백 번, 또는 수천 번 자신만의 형식성을 새롭게 선택하고 배치한다면 그만한 반복적 행위가 새로운 에토스를 구축하는 토대가 될 것이다. 그리고 내년 혹은 내후년의 축제나 여행은, 오디세우스적 규율과 오르페우스적인 쾌락에 휘청이지 않고 한층 더 유연하고도 의연한 자신으로 맞이할 수 있을 것이다.

---

[5] 미셸 푸코, 심세광 옮김, 『주체의 해석학 1981~1982: 콜레주 드 프랑스에서의 강의』(동문선, 2007).

참고 문헌

최여울 「일만년축제 이야기」
오구마 에이지, 전성곤 옮김, 『국민의 경계』(소명출판, 2023).

국명표 「축제 같은 집회와 희망」
김정환, 『몸, 스펙타클, 민주주의』(창비, 2025).
발터 벤야민, 조형준 옮김, 『아케이드 프로젝트 1』(새물결, 2005).
진태원, 「세 번의 놀람, 세 개의 질문, 세 개의 과제」, 《황해문화》 126호(2025).
고병찬, 「2030 분노 담은 '케이팝'과 '응원봉'······ "축제 같은 집회"」, MBC, 2024년 12월 8일.
김영대, 「희망가이자 투쟁가로 변신한 '다시 만난 세계'」, 《시사저널》, 2025년 1월 4일.
박완순·정다솜·임혜진·김온새봄, 「'시위꾼' 노조 위원장들이 본 '응원봉 집회'」, 《참여와 혁신》, 2024년 12월 9일.
송민호, 「탄핵 DJ 김지호 위원장, "새로운 집회문화 선도해야"」, 《진보당 기관지 너머》, 2025년 1월 1일.
이승한, 「새로운 세상 꿈꾸며 '다시 만난 세계'」, 《한겨레》, 2017년 8월

4일.

「탄핵 집회를 축제로 만들어 버린 97년생 사회자의 정체」, 유튜브 채널 '씨리얼', 2024년 12월 27일.

Hirokazu Miyazaki, *The Method of Hope: Anthropology, Philosophy, and Fijian Knowledge*(Stanford University Press, 2004).

Rebecca Bryant & Daniel Knight, *The Anthropology of the Future*(Cambridge University Press, 2019).

"South Korea's President Survives Impeachment Bid", *The New York Times*(2024. 12. 7.).

"South Korea Protesters Watch Impeachment Hopes Fade", *BBC*(2024. 12. 7.).

김경은 「홍등을 깨트리다」

군터 게바우어·스벤 뤼커, 염정용 옮김, 『새로운 대중의 탄생』 (21세기북스, 2020).

마르쿠스 슈뢰르, 정인모·배정희 옮김, 『공간, 장소, 경계』(에코리브르, 2010).

세르주 모스코비치, 이상률 옮김, 『군중의 시대』(문예출판사, 1996).

이효석, 「깨트려지는 홍등」, 《대중공론》, 1930년 4월.

주요섭, 「첫사랑값」, 《조선문단》(1925~1927).

Arjun Appadurai(eds.), *The Social Life of Things: Commodities in Cultural Perspective*(Cambridge University Press, 1988).

정윤영 「어린이 축제의 동물 체험」

김다은, 정윤영, 신선영, 『동물의 자리』(돌고래, 2024).

고은경, 「사람이 좋아서 불꽃축제 하는데 동물 눈치까지 봐야 돼?」, 《한국일보》, 2024년 10월 8일.

박선영「기후변화 시대에 축제하기」

아미타브 고시, 김홍옥 옮김, 『대혼란의 시대』(에코리브르, 2021).

신동일「두 언어의 갈림길에서」

신동일, 『버티는 힘, 언어의 힘』(필로소픽, 2024).
신동일, 『앵무새 살리기: 더 좋은 언어사회를 희망하며』(박이정, 2020).
미셸 푸코, 심세광 옮김, 『주체의 해석학 1981-1982: 콜레주 드 프랑스에서의 강의』(동문선, 2007).
Michel Foucault·Maurice Blanchot, "The thought from outside", In L. During(Ed.), *Foucault l Blanchot: The thought from outside*(Zone Books, 1987).

지난 호 목록

1 세대
- 박동수 「페미니즘 세대 선언」
- 김선기 「청년팔이의 시대」
- 이민경 「1020 탈코르셋 세대」
- 이우창 「"20대 남자" 문제」
- 김영미 「밀레니얼에게 가족이란」
- 하남석 「오늘의 중국 청년들」
- 조영태 「밀레니얼은 다 똑같아?」
- 고유경 「세대, 기억의 공동체」
- 이나라 「『벌새』와 성장의 딜레마」
- 정혜선 「미래세대의 눈물과 함께」

2 인플루언서
- 이유진 「무슨 일이 일어나고 있나요」
- 윤아랑 「네임드 유저의 수기」
- 강보라 「《일간 이슬아》의 진정성」
- 박한선 「인플루언서 VS 슈퍼전파자」
- 이민주 「#피드백 운동의 동역학」
- 김아미 「어린이의 유튜브 경험」
- 김헌 「2500년 전의 인플루언서들」
- 유현주 「팔로어에게는 힘이 없다」
- 정종현 「선한 영향력 평가하기」
- 윤해영 「영향, 연결, 행동」

3 환상
- 김영준 「환상을 팝니다」
- 맹미선 「포스트 코로나라는 상상」
- 김공회 「기본소득, 이상 또는 공상」
- 이병현 「「조커」, 억지웃음의 이미지」
- 김유진 「판타지와 함께 살아남기」
- 박지원 「잔혹한 낙관에서 깨어나기」
- 임보라 「어두운 사건들을 통과하기」
- 윤영광 「가상과 거짓의 철학」
- 계은진 「북한 출신인 게 뭐 어때서?」
- 강혜민 「희망의 물리적 토대」

4 동물
- 최태규 「동물원에서의 죽음」
- 김지혜 「플라스틱바다라는 자연」
- 전의령 「"나만 없어, 반려동물"」
- 김은주 「고양이 앞에 선 철학자」
- 윤병선 「그 소는 뭘 먹고 자랐을까?」
- 전윤정 「낙태는 여성의 권리다」
- 심경호 「옛사람의 호랑이 생각」
- 이상훈 「어깨걸이극락조 그리는 법」
- 정진우 「새들이 살 수 있는 곳」
- 이소영 「이름 없는 동물의 보호소」

5 일
- 김수현 「개미투자자가 하는 일」
- 배세진 「동학개미, 어떻게 볼 것인가」
- 조해언 「젊은 플랫폼노동자의 초상」
- 최의연 「노동자의 밤에 일어나는 일」
- 홍태림 「예술은 노동인가?」
- 함선유 「돌봄을 정당하게 대우하라」
- 임안나 「일자리를 따라 이동하기」
- 강민정 「과로죽음에 이르지 않도록」
- 최하란 「직장에서의 셀프 디펜스」
- 최수근 「한국어를 가르치는 일」

6 권위
- 조무원 「왕이 죽으면 어떻게 될까?」
- 홍혜은 「서로 돌보는 법을 알아가기」
- 서보경 「살리는 일의 권위」
- 정진새 「거장이 처벌받은 후」
- 정경담 「권위에서 탈출하는 길」
- 김유익 「중국에 대한 복잡한 감정들」
- 권수빈 「지방청년은 말할 수 있는가?」
- 김미덕 「대학조직과 연구의 원칙」
- 박유신 「당신을 위한 문해력」
- 박상현 「우리가 원하는 기후행동」

7	중독	10	대학
김지훈	「인생샷을 찾는 사람들」	난다	「학력 무관의 세계를 향하여」
김민주	「미디어중독자의 행복한 삶」	김종은	「익명을 설득하는 학생 자치」
김관욱	「"담배, 참 맛있죠"」	신하영	「혼란스러운 강의실 만들기」
허성원	「섹스 중계자들의 우화」	우재형	「노동문제 동아리 활동기」
임민경	「중독자의 곁에 있기」	신현아	「대학이 해방구가 될 때」
유기훈	「강제 치료를 둘러싼 문제」	유상운	「탐구는 어디에서 일어나는가」
노경희	「불멸에 이르는 중독」	소진형	「'실용적인 학문'의 성립 사정」
조성도	「CEO의 '착한' 경쟁 이야기」	황민호	「졸업하기 싫은 학교」
정진영	「집으로 돈 버는 세계에서」	현수진	「대학 안팎에서의 역사학」
지비원	「인문서에 집착하는 이유」	유리관	「아 다르고 어 다른 세상에서」
8	콘텐츠	11	플랫폼
이슬	「산만한 나날의 염증에 관하여」	김리원	「택배도시에서의 일주일」
콘노 유키	「핫플레이스의 온도」	강미량	「걷는 로봇과 타는 사람」
김윤정	「귀여움이 열어젖히는 세계」	전현우	「독점으로 향하는 급행열차」
신윤희	「아이돌 팬이라는 콘텐츠」	김민호	「플랫폼들의 갈라지는 시공간」
천미림	「범죄물을 대하는 자세」	김유민	「알고리즘을 대하는 자세」
허지우	「"그거 이차가해 아닌가요?"」	이두갑	「창작자의 정당한 몫 찾기」
장유승	「조선 사람이 선택한 콘텐츠」	김혜림	「K 카다시안의 고백」
조영일	「콘텐츠 시대의 예술작품」	문호영	「번역을 공유하는 놀이터」
정민경	「'되는 이야기' 만드는 법」	김예찬	「잃어버린 시민을 찾아서」
김찬현	「막힌 곳을 뚫는 과학」	구기연	「인스타스토리로 연대하기」
9	외모	12	우정
김원영	「외모라는 실체에 관하여」	안담	「작가-친구-연습」
김애라	「메타버스 아바타의 상태」	이연숙	「비(非)우정의 우정」
박세진	「패션 역주행에 대처하는 법」	김정은	「자기 언어를 찾는 방법」
임소연	「K-성형수술의 과학」	김예나	「털 고르기를 하는 시간」
안진	「왜 TV에는 백인만 나올까?」	김지은	「비둘기와 뒤얽히는 영역」
이민	「전시되지 않는 몸들의 삶」	김경채	「일본인이 되는 문제」
정희원	「지속가능한 몸 만들기」	이경빈	「남북 관계의 굴레에서」
박정호	「얼굴을 잃지 않는 대화」	김민하	「정치에서 우정 찾기」
김현주	「비누거품 아래, 죄와 부채」	장현정	「바닷가 동네의 친구들」
일움	「외모 통증 생존기」	추주희	「'호구'가 되는 우정」

13	집	16	유머

13　집
영이　「내 영역」
김영욱　「장자크 루소, 집 없는 아이」
이지선　「21세기 우주인의 귀향」
박진영　「나의 깨끗한 집 만들기」
육주원　「이슬람 사원 짓기」
오은정　「후쿠시마의 주민들」
조원희　「전세 제도의 미래」
지수　「집이 없어, 하지만!」
이재임　「쪽방의 장례식」
김호성　「마지막 둥지를 찾아서」

14　쉼
하미나　「곧바로 응답하지 않기」
하미나와 독자들　「당신의 아무것도 하지 않는 시간」
김진영　「도망치는 것도 때로는 도움이 된다」
소영광　「무신론자에게 보내는 편지」
연어 × 채효정　「농사짓기에서는 뭐가 일이고 뭐가 쉼일까?」
이정화 × 정기현　「책 만드는 사람들이 도시 농부가 된 이유」

15　독립
이양구　「저마다의 먼 강으로」
송재홍　「래퍼들의 갤럭시」
김강기명　「독립 너머 연립」
정문태　「국경은 아프다」
지음　「독립은 함께 살기다」
황소희　「한국인의 시민 수업」
안진영 × 백가을　「일인 가구의 쾌락 독립」

16　유머
들깨　「지배자의 몰락」
김민하　「누구와 웃을 것인가」
복길　「나락에서의 농담」
안담　「강간 농담 성공하기」
김영욱　「보고서: 루소와 밀레의 우정」
김혜림　「나는 나를 보고 웃지」
염문경　「칼을 들고 다니는 여자」
엄일녀　「미련한 이모」
김은한　「오래 퍼지는 늑대 웃음소리」

17　한국
김정인　「아래위의 민주주의」
아브서브 자울　「《대화》라는 잡지」
김지현　「한국, 여성, 문학」
김익균　「춘향의 그네 노래」
영이　「빈틈에서 읽는 한국사」
강보라　「"K" 없는 K-푸드」
최정　「노잼도시가 어때서?」
오승희　「대한민국의 인정 투쟁」
심아정　「지금 우리에게 베트남전쟁」

인문잡지 한편
18
축제

글
이수유, 이리예, 최여울, 국명표,
김경은, 정윤영, 박선영, 신동일

편집
신새벽, 김세영,
서해연, 김영훈, 김지현

디자인
유진아

발행일
2025년 9월 19일

발행인
박근섭, 박상준

펴낸곳
(주)민음사

등록일 / 등록번호
2020년 5월 20일
강남, 사00118

주소
서울시 강남구 도산대로1길 62(신사동)
강남출판문화센터 5층(06027)

대표전화
02-515-2000

홈페이지
www.minumsa.com

값 10,000원

ISBN / ISSN
978-89-374-9175-7 04100
2733-5623

ⓒ (주)민음사, 2025
본지에 실린 글과 사진의 무단 전재 및
복사를 금합니다.
잘못 만들어진 책은 구입처에서
교환해 드립니다.